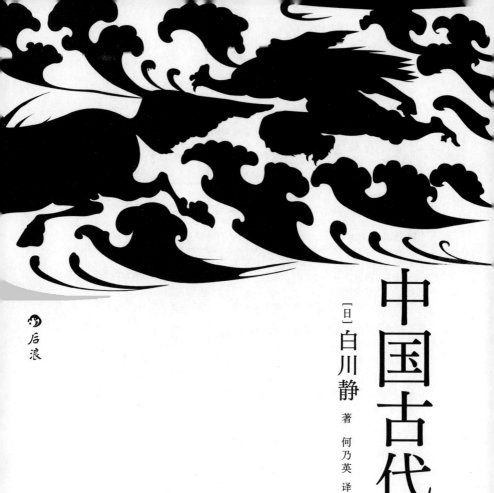

后浪

中国古代民俗

〔日〕白川静 著

何乃英 译

海峡出版发行集团
海峡书局

图书在版编目（CIP）数据

中国古代民俗 / （日）白川静著；何乃英译 . —— 福
州：海峡书局，2023.9（2024.9 重印）
ISBN 978-7-5567-1095-9

Ⅰ . ①中… Ⅱ . ①白… ②何… Ⅲ . ①风俗习惯—研
究—中国—古代 Ⅳ . ① K892

中国国家版本馆 CIP 数据核字（2023）第 066662 号

CHUUGOKU KODAI NO MINZOKU
© Fumi Tsuzaki / Miyako Fukada / Setsuko Hada 2023
All rights reserved.
Original Japanese edition published by KODANSHA LTD.
Publication rights for Simplified Chinese character edition arranged with KODANSHA LTD.
through KODANSHA BEIJING CULTURE LTD. Beijing, China
本书由日本讲谈社正式授权，版权所有，未经书面同意，不得以任何方式做全面或
局部翻印、仿制或转载。
本书中文简体版权归属于银杏树下（北京）图书有限责任公司。

著作权合同登记号 图字：13-2023-081 号

出 版 人：林 彬　　　　　　　　选题策划：后浪出版公司
出版统筹：吴兴元　　　　　　　　编辑统筹：梅天明　宋希於
责任编辑：林洁如　杨思敏　　　　特约编辑：何 唯
特约审校：陈翰希　　　　　　　　装帧制造：墨白空间·张萌
营销推广：ONEBOOK

中国古代民俗
ZHONGGUO GUDAI MINSU

作　者：[日] 白川静		译　者：何乃英	
出版发行：海峡书局		社　址：福州市白马中路 15 号	
邮　编：350004		海峡出版发行集团 2 楼	
印　刷：嘉业印刷（天津）有限公司		开　本：880 mm × 1194 mm 1/32	
印　张：9.25		字　数：192 千字	
版　次：2023 年 9 月第 1 版		印　次：2024 年 9 月第 4 次印刷	
书　号：ISBN 978-7-5567-1095-9		定　价：52.00 元	

读者服务：reader@hinabook.com 188-1142-1266
投稿服务：onebook@hinabook.com 133-6631-2326
直销服务：buy@hinabook.com 133-6657-3072
网上订购：https://hinabook.tmall.com/（天猫官方直营店）

中國古代民俗

启功题

启功先生为本书初版题写的书名

序　言

　　我国各民族的风俗活动有着悠久的历史。我国民俗的采集、编纂工作也从很早就开始了，因此，在历代典籍中保留有许多关于社会风习、民间信仰等的资料，并有不少有关的论述，所有这些都是科学的中国民俗学的前史。中国现代民俗学活动是在新文化运动中，伴随着民族觉醒，适应民主、科学的要求而开始的，它在旧中国艰难的条件下获得了初步的发展。新中国成立以后，民俗的一个重要部分——民间口头文学的搜集和研究取得了较大的成绩。民俗学作为一个学科，是在1979年顾颉刚、钟敬文等七位教授发表《建立民俗学及有关研究机构的倡议书》，接着中国民俗学会成立之后，重新在全国范围内迅猛地发展了起来。目前不少省市都建立了民俗学会一类的研究机构，并着手进行民俗的调查和研究工作，有的还召开了这方面的学术讨论会，公开出版或内部发行了采集和研究的成果。民俗学和它的姐妹学科民间文艺学正在建设社会主义精神文明的大道上并驾齐驱。

我国近年来重建的中国民俗学，是以马克思主义的基本原则为指导，以中国各民族民俗的历史和现状为出发点，它与新中国成立前的民俗学活动既有学术史上的联系，又在本质上有所不同。目前很多地方着重的首先是民俗现状的了解和调查，但基础理论的建设和一些专门问题的探讨，包括国外这方面论著的介绍也在进行。在这样的时候翻译出版日本白川静先生的《中国古代民俗》，对于中国民俗史的研究和传统民俗学理论的了解，都是很有参考和借鉴的意义的。

白川静先生是日本著名民俗学者，1910 年生，文学博士，现为日本立命馆大学特任教授。他专攻中国古代文学，著有关于甲骨、金文、汉字，以及关于《诗经》、中国神话、中国古代文化等的多种著作。白川静先生这部《中国古代民俗》也是以中国古代文字、《诗经》、《左传》、乐府等为材料，但是它不是以研究古文字和古代文学为目的，而是运用这些材料，并通过这些材料来探讨中国古代的民俗，是一部对中国古代民俗进行探源溯流的著作。为了完成这个任务，作者提出了自己关于民俗和民俗学的基本观点以及进行这项研究工作的方法。

作者认为民俗学主要是研究文化传承的学问，它的目的在于通过文化传承探求该民族的文化特质。因此，他特别重视民族固有的体验，努力寻求研究中国古代民俗的出发点，区别古代民俗固有的东西和古代社会崩溃、接受外来影响之后的形态。对于文化的传承，作者认为"传承之支柱，不言而喻是宗教方面的东西，是社会方面的东西"。但在实际的论述和对于民俗的本质的认识上，作者只强调"宗教方面"，一再讲"民俗的本质不外乎是人类在与神有关的活动中的状态"，并且认为中国古代民俗的基本观念，就是《韩诗章句》关于《诗经·郑风·溱洧》所说的"郑国之俗，三月上巳于此水招魂续魄"，他说，"'招魂续魄'一语最好地表现了它的本质"。因此，他把"民俗"与"习俗"加以区分，认为后代都市繁荣，在那里没有神的影子，民俗的东西被风俗化；而古代的《四民月令》《荆楚岁时记》等，由于它们把自然节序与人间生活的对应关系作为中心，所以仍然属于民俗范围。本书就是在上述这些基本观点的指导下，对古代万物有灵观、巫术以及阴阳五行思想等影响下的民俗现象及其内在联系，分别进行了论述，从一个侧面厘清了中国古代民俗最初的源头和它早期的发展脉络。对此，作者在《结束语》中做了如下的概括：

　　殷人被认为"尚鬼"，古代式的信神习俗颇为丰富。在代之而起的周朝贵族社会繁荣时期，古习俗被礼制化，古传承被经典化，唯有诗篇《国风》表现了民众的生活。可是由于春秋战国列国时期向领土国家的发展和长期持续的战乱，古代的共同体解体，农村生活遭到破坏，民俗传承场所随之丧失。对秦汉以后的民众而言，可以保持古老信仰的场所被剥夺，几乎被投入迷信的世界。

　　后汉王充在《论衡》里严厉地批判了这种迷信，但承认经典所规定的祭祀，如被称为五祀的"司命""行""厉"等。这一形式上的合理主义扼杀了古代的民俗。魏晋以后志怪之风盛极一时，也可以视为对它的反动，但已采取传说故事的形式。古代民俗的时代，可以说在传说文学之前有它的实践期。因为传说文学业已掺入道、佛等其他思想，而逐渐丧失民俗的固有性和纯粹性。

关于本书的研究方法，作者在《后记》中概括为三点：一、通过古代文字的构造，研究古代人的生活和思维；二、通过古代歌谣的发想和表现，观察生活习俗的状态；三、将由此得到的材料与日本古代民俗事实加以对照和比较。作者认为研究中国古代民俗不能搬用日本民俗研究的方法，即民俗语汇的采集和乡土研究的方法，但他又没有简单抛开日本民俗的研究方法，而是根据民俗语汇的采集与分析可以显示语言所承担的文化史、社会史的方法，把中国古代文字作为古代语言资料，作为民俗语汇来使用，从古代文字构造的原理中看出文字创造时代及之前的文化传承、被字形化了的神话式传说的表现等。这样他就为自己找到了通过古代文字构造来探讨殷和殷以前古代民俗的可靠的出发点，从而也为在与有关文化科学的联系中研究民俗学开辟了道路。

通过古代歌谣来观察习俗是本书另一研究方法。在这方面作者吸取了日本其他学者关于《万叶集》的研究成果，并在这基础上把《万叶集》与中国的《诗经》进行了多方面的比较，从而把比较民俗学的方法广泛地运用到本书中来，这就突破了柳田国男一国民俗学的闭塞的倾向。作者十分强调《万叶集》对于日本古代民俗研究的重要性，认为拒绝对《万叶集》进行民俗学方面的研究，对民俗学来说等于自杀。他说《万叶集》

"整体来说确乎是民俗式的东西，并且是我国民俗的源流。民俗研究首先应当究其本源，然后沿流查明千波万浪的变化。在中国也是如此"。因此，他提出："作为《诗经》的解释学方法，民俗学的视角最为重要，这一点几乎应当说是不言自明的。"

正如作者所说，本书是他从中国古代民俗的源头和沿流千波万浪变化中摘取的几朵浪花，全书的论述分为七章。

本书第一章"民俗学的方法"和第二章"古代歌谣与民俗"，都是关于研究方法的论题，它们论述的特点都是从具体著作的探讨出发，并结合具体问题和实例来阐明所采用的方法。第三章以下是作者对中国古代民俗的几个方面所做的论述。作者首先在第三章中论述"言灵的思想"，即古人关于语言具有神秘力量的观念，这是因为这种观念是原始万物有灵论思想的遗留，按照作者的观点，正是这种万物有灵观和有关神的种种观念、巫术等构成古代民俗的核心，因此，首先阐述言灵的种种现象（如祈祷、咒语、巫祝和巫祝文学等），对其他民俗事象的理解和论述也就更为方便了。

第四章"诗经民俗学"是在第二章基础上展开的，从民俗的内在联系说，以诗歌形式反映民俗也是"言灵的思想"的延伸。这一章通过采草、祝颂、恋爱等内容的诗歌，论述了《诗经》作品所反映的古代祭神、预祝方式、投果辟邪的民俗观念，以及对饮食、衣服等在恋爱诗歌中的象征意义，古代对歌风俗，等等。

第五章"卜辞的世界"是对卜辞所反映的自然观念、人生各阶段的民俗，以及有关农业、狩猎、战争等礼仪的论述。作者系统引述了关于虹、龙、巫蛊，与农耕仪礼有关的出生习俗、在农耕仪礼上伴随着的性方面的模拟行为等丰富的资料。

第六章"语部与巡游者"是从传承者的角度来考察古代故事和歌谣。本章分析了《左传》中"贵族流离谭"的故事因素及"巫史卜祝之流所传承的神怪故事"，指出乐府歌曲大多为古代社会崩溃后由巫史沦落下来的巡游者或歌妓所传诵，并且厘清了由古代桑树崇拜、"桑中之会"到歌咏采桑女主题的乐府的发展，以及"邯郸倡"等歌妓的活动在乐府诗歌中的反映，等等。

第七章"月令与岁时记"研究《诗经·豳风·七月》以来保留下来的古代岁时风俗及人的诞生、结婚等仪礼。在这方面作者着重指出阴阳五行思想对《月令》等岁时记的影响、古代民俗被制度化的倾向、《荆楚岁时记》对日本岁时风俗的影响，等等。

从上述各章内容，我们可以看出，三、四、五章所论是中国先秦古俗的三个重点，六、七两章则是上述古俗的另外一些方面，以及由上述古俗发展演变而来的汉代以后民俗的一些内容。最后作者又在《结束语》和《后记》中对上述各章的论考和有关民俗学的问题从理论上做了提纲挈领的说明，为全书纷繁的内容清理出明晰的线索和概念。

本书是研究中国古代民俗的专著，比起我国过去这方面同类的著述，如张亮采的《中国风俗史》、尚秉和的《中国社会风俗史》等，它更富有理论的色彩，尽管它并不是民俗学一般理论的陈述。另外，由于本书在论述古代民俗时，主要从中国古代文献如古文字、《诗经》、《楚辞》、《左传》、乐府诗歌等取材，论述中又广泛涉及先秦至南北朝的各种文学创作，因而它对于古代文学的研究自然也有相当的参考价值。例如，本书依据"兴"字的构造，经过考辨，认为《诗经》中兴的原义是野外祭祀，举行以酒灌注地灵、迎接地灵的仪礼，是一种唤起地灵的行为，并且研究了兴如何发展为比，认为赋、比、兴本质上是一个系统。还有本书对《诗经》某些篇章和屈原作品的看法，对于调戏采桑女主题的诗歌和《陌上桑》的分析，对于《左传》故事与神怪因素的论述，对于古代谚语的起源、寓言的产生、志怪小说的发展，某些作家"都邑赋"产生的背景，《古诗十九首》和乐府诗歌的关系，以及纠正《说文》给一些字所做的解释（如"告"字）……都是作者从民俗学观点出发而提出的。当然，对于这些问题的认识有一些在学术界还会有不同的看法，但从民俗学角度研究古代文学，必然会发现和提出一些传统文学研究较少接触的问题，这是肯定无疑的。我国学术界也早已注意及此，本书一再提到的闻一多先生对《诗经》的研究，在我国已经被公认为《诗经》研究史上最近一个重要阶段（参看夏传才《诗经研究史概要》），此外，孙作云先生的《诗经与周代社会研究》，郑振铎先生关于《汤祷篇》的研究等，也是这一类著作。特别是近年学术界对于楚文化的研究（包括对于屈原和楚辞的研究），更是广泛地应用了民俗学和民族学知识，并已取得相当成绩。

当前，我国民俗学的学术活动，正在出现新文化运动以来又一个高潮。我国民俗学的起步比欧洲一些国家大约要迟半个世纪左右，这是我国近代沦于半封建半殖民社会所决定的。但是，从新文化运动开始，具有近代科学意义的民俗学就在我国生根开花，经过曲折的道路直到今天。在这种历史条件下，国外一些学者对中国民俗的某些方面首先着手研究是完全可以理解的。对于这些著作，只要它的成果具有科学价值，中国学人从来不拒绝吸收其中对自己有益的东西。但是我国民俗学经过几十年的发展，也必将密切联系国际学术的发展走出自己的道路，因此在这过程中我国流行的某些学术观点和研究重点同国外学者有所不同，同样是十分自然的。例如白川静先生《中国古代民俗》一书，如上所述，它有许多值得我们吸收的东西。但我们也感到在这方面，正如他所说，文化传承有两大支柱，宗教方面的东西和社会方面的东西，而在本书中他对古代民俗只着重从宗教方面进行研究，而对社会方面的这个支柱则很少接触。在这方面，我国学者过去已经做过些工作，今后也会继续在这方面有所发展（当然，民间信仰以及与它相关的民俗，同样也是我国民俗学研究的重要课题）。另外，我国目前关于民俗的范围、对象以及它的本质等的认识，也和白川静先生在本书中所表述的不完全相同。还有，白川静先生在书中关于中国民俗学现状的一些说法，也只是就我国个别历史时期而言，并未顾及近年来这方面发展的趋势，这是因为他在本书写作和完稿之际，我国民俗学刚刚重建的缘故。但是，现在的情况不同了，我想我们的广大读者对这一点是清楚的。

许钰

1985 年 11 月 4 日

目　录

第一章

民俗学的方法

（一）我国的民俗学 [①]

石神问答

　　我国民俗学创立者柳田国男的第一部关于民俗学的著作《石神问答》，继前一年自费版《后狩词记》之后，出版于明治四十三年（1910年）五月。同年六月，他的第二部民俗学著作《远野物语》也由同一出版社——聚精堂出版。这两部书其后数次再版重印，成为民俗学的经典，标志着我国民俗学研究值得纪念的起点。

　　《石神问答》是柳田国男与骏州吉原的山中笑氏、陆中远野的伊能嘉矩氏、肥后八代的绪方小太郎氏、远野的佐佐木繁氏以及白鸟库吉博士、喜田贞吉博士之间的往复书信集，自明治四十二年（1909年）九月十五日起至第二年四月九日止，共四十三封，第四十三封是写给弟弟辉夫（后来的画家松冈映丘）的。据年谱记载，柳田写这封信的第二天，即四月十日，去访

---

① 作者白川静是日本学者，文中的"我国"系就日本情况进行介绍，特此说明。——编注

问了当时住在邻街的白鸟库吉博士，又对《石神问答》的草稿
加以整理。大约从一开始就有编辑成书的计划。

这本书的主旨，如书名所示，在于究明因地域不同而使名
称和传说各异的石神信仰，以及与之有关或混合的信仰（如
"サクジ"信仰等①）的异同，以辨析其原始形态。其中包括许多
重要的民俗学方法问题，柳田仿佛打算公之于世。可是，这种
努力似乎没有收到很大成效，所以，柳田在昭和十六年（1941
年）再版序言中说，"不幸《石神问答》反响颇小，首先作者的
考虑也不够充分"，继之又说：

今年春天散步时发现，在武藏东秋留二宫神社境内至
今仍保存着一座社宫司社。附近的人称之为杓子神，举起
饭勺子祈求婴儿安全。我想如果寻找一下此外还会有的，
但这种信仰大体上早已衰微，仅仅在一百数十年前诸州地
志之类的书上能看到这个神的许多名称记录。我其实只是
为了反对已故的山中先生（山中笑）提出"シヤクジ"是
石神音读这一解说，而进行这样冗长的反复论辩的，先生
也并不坚持己见，于是又由此一点一点了解到信州诹访神
社御左口神的情况，大致弄清它是树神，可以说只有这部
分已经确定。但是，为什么社宫司、社护神、遮军神等古
怪的神名仅仅在中部地方及其邻近地区广泛流传呢？即使
姑且认为诹访是其根源的推测是正确的，其信仰分散于各

---

① "サクジ"信仰是遍及日本全国各地的一种信仰，其所祭之神不明。"サク
ジ"的汉字可以写作社宫司、佐宫司、石神等。——译注

地的理由在三十年后的今天还是一点儿也不能理解。(《柳田国男全集》, 筑摩书房, 第十二卷。以下略为《全集》)

石神的信仰从其方言分布来看也是全国性的, 而柳田试图将社宫司系统信仰的分布和形态与它严格区别开来。之所以特别强烈反对把"サクジ"作为石神的音读, 或之为阴阳道的赤口神(荻生徂徕的《南留别志》), 又或是三狐神的讹传(天野信景的《盐尻》)等俗说, 可能是因为对欲以外来文化之类简单解释我国民俗的态度怀有很大的不满吧。

因此, 如关于所谓十三冢, 即以大冢为中心, 左右分别排列六块石头形式的石冢, 柳田似乎主要采取供养坛的解释, 考虑与御灵信仰的关系。附于其书卷末的十三冢表上, 有武藏三十一处、常陆十处等关东地区的, 以及东北、中部、筑前十一处的十三冢, 其分布显示出地域不均的倾向, 而其形式则最接近于蒙古的所谓敖包。柳田说把它解释为十三佛, 论证其与佛教学说的融合, 可正如南方熊楠在致柳田信〔大正元年(1912年)十二月, 收入《全集》第八卷〕中批判的那样, 我也认为与敖包的关系更加直接。

同时, 关于石神的问题, 因其往往采用阴阳神的样式, 另外还可以认为与种种外来因素相融合, 如与石敢当等石头信仰的关联也应该适当考虑吧。柳田的一国民俗学主张, 在他的第一部著作中业已表现出明显的倾向; 直到在战后的《海南小记》(昭和二十七年, 1952年)和《海上之道》(昭和三十五年, 1960年)中将视线向着南方, 继续坚持这种倾向。他的视野始终没有扩展到大陆。柳田这种基本态度大体上规定了我国民俗研究的方向，是不可否认的事实。

远野物语

第二部民俗学著作《远野物语》的序言中写道："这些故事全部出于远野人佐佐木镜石君之口。自去年，即明治四十二年（1909 年）二月顷起，夜间时时来访，他谈我记。"当年八月，著者亲游远野查证传说，并且访问伊能嘉矩，披阅旧记录《远野旧事记》。据年谱，柳田与佐佐木镜石相会在此前一年，即明治四十一年（1908 年），十一月四日栏下记曰："水野叶舟初次带来岩手县远野的佐佐木喜善。照录佐佐木的话，其后（明治四十三年），以《远野物语》为名出版。"

故事共一百一十九条，最后附有桥颂、门颂等歌谣六十二首。故事既有古色古香的，也有在全国以多种类型存在的妖怪之类。

〔三十二〕千晚岳山中有沼。此谷腥臭异常，入此山归来者甚少。昔有某隼人猎师。其子孙至今犹存。见白鹿而逐之，于此谷滞留千晚，因为山名。白鹿被击而遁，行至次山折去一股。其山今称片羽山。再至前山，终于死去。其地称为死助。祭祀之死助权现，即此白鹿也。

〇宛然如读古风土记。

〔五十八〕小乌濑川姥子渊一带，有名曰新屋家之所在。一日牵马赴渊乘凉，牵马童子外游之际，河童出欲牵引其马，反被马拖引来至厩前，为马槽所覆。家人怪马槽翻覆，稍抬起，见河童之手出。村人集会评议当杀当宥，结果立下今后不再戏弄村中马匹的牢固誓约而放之。据云其河童今离村住于相泽瀑布之渊。

〇此类故事遍布全国各地。苟有河童处必有此传说。何故也？

这些听闻记录标有分类题目，也可以作为乡土传说采集方法，列举如下：

地势、神之起源、村神、神乐神、权现、家神、屋内神、蚕神、座敷童子、山神、神女、天狗、山男、山女、山中灵异、仙人堂、虾夷迹、冢与森林与老妪神、馆址、古人、家中怪事、家之盛衰、山中幻屋、前兆、魂之去向、幻影、雪女、河童、猿之站立、猿、狼、熊、狐、各种鸟、花、小正月、风雨祭、远古歌谣

上引第三十二个故事属于山中灵异类，第五十八个故事属于河童类。著者在序中写道：

盖此类书物至少非现代之流行。或曰：即使印刷如何容易，出版此类书物，以自己之狭隘趣味强加于他人，亦粗野之举也。然敢答曰：闻其语，至其处，而后不语于人

者果有哉？如此沉默且极端慎重之人，至少自己友人中无之。况且与我国九百年前先辈《今昔物语》在其当时既已成为往事不同，此乃目前之事件。假令敬虔之意与诚实之态度未能得以凌彼，然此书所记已传人耳者不多、倩人执笔处甚少之点上值得彼淡泊无邪之大纳言殿^①来听。

另外加上一些稍带诙谐的文字："有人若言，生于今日事业众多之时代，却不辨问题之大小，用力失当，如何？又或责难，如明神山之木兔，其耳过尖，其眼过圆，如何？终难辩白。"但对柳田来说，这绝不是闲人闲话。同年年底，他的《时代与农政》一书也由聚精堂出版。在作者的脑海里，民俗学与现代农政无疑具有某种联系。所以，远野的听闻记录也被说成是"此乃目前之事件"。

人们常说，柳田民俗学指向现代，折口信夫民俗学指向溯源，二者形成对比。其后不久，即大正二年（1913 年）发行的《乡土研究》，这种倾向也十分明显。《乡土研究》第一卷第一号（大正二年三月）上刊载有《巫女考》《虾夷的居住内地》《宅地的经济意义》《农村（地名研究）》《山人外传资料》等文稿。这不仅是民俗研究，而是要将民俗研究建立在这类乡土研究基础之上。

---

① "大纳言"是日本古代官名，此处指《今昔物语》的编者源隆国，平安时代的皇族公亲，人称宇治大纳言。"殿"是敬称。——译注

十三冢与河童

从这两部值得纪念的标
志着我国民俗学起点的书中，
似乎可以找到我国民俗学的
两个基本方法。在《石神问
答》中，从批判将"サクジ"
作为石神音读的学说开始，
区分类似的东西，查清其各

蒙古十三冢

自的根源，以及论述由于方言分布所带来的文化传播问题等。
其中，石神和十三石的问题，从与佛教融合的形式上加以研究，
但与在形态上最接近的十三冢的关系未被充分注意。

以博学著称的南方熊楠也在《石神问答》出版的第二年，
即明治四十四年（1911 年）九月致柳田信中写道，"敖包（与
十三冢）相似的东西有很多，但未找出确实与十三冢有关的"
（《全集》第八卷第八十四页），并在第二年——大正元年十二月
的《关于十三冢》（《全集》第二卷第三百六十九页）中写道，
"如柳田国男氏的《石神问答》所述，在本邦诸国发现许多散见
的十三冢，大约是基于十三佛的信仰修建的。其后柳田氏的书
信指出，鸟居龙藏氏在蒙古屡屡发现十三个冢接连而立的情景，
但余未见鸟居氏原作，不知委细"，又录近期所得资料，记载五
代后唐太祖李克用在当沙陀王时所筑十三冢一事。

十三冢后由东亚考古学会进行调查，在赤松智城的《满蒙
民族与宗教》（昭和十六年，1941 年，大阪屋号书店）上载有

详细报告。现已查明，它是敖包的一种形式，是北方萨满教地区流行的祠坛。柳田所采取的一国民俗学立场，从一开始就碰到了困难。

同样，关于河童问题也是如此。柳田后来，即大正三年（1914年）写《河童驹引》（收入《山岛民谭集》，《全集》第二十七卷），尽力描写我国河童的千姿百态，详细论述有关河童的所有知识。据再版序言称："当写此书时，我正担任千代田文库的看守人。因而能随意调阅各种抄本。"这本书里确实引用了许多图书资料。其中，属于我国古代传说以外的东西，有从金田一京助氏处得到的阿伊努族中虬的传说，此外都是纯粹的本土资料。

可是河童不仅是我国的，几乎是全世界从古到今有代表性的水怪，这可以由石田英一郎氏的《河童驹引考》（《石田英一郎全集》第五卷）所举资料知之。这本书起初是为纪念柳田氏古稀之年所编论文集的一篇，写于昭和十九年（1944年），由于篇幅过长决定单独出版，但当时国家处于倾败的危急关头，河童研究之类并非急需的书，未能获得日本出版会的许可，战败之后始得出版。在世界各地的驹引传说中，包括几条中国的资料，如《山海经》水中牛马、河伯仆牛的故事，《搜神记》树精青牛的故事等。

民俗研究从乡土研究和作为民俗语汇的方言研究出发，我认为这个顺序大体上是适当的。但是，民俗研究的本来目的是通过文化的传承探求该民族的文化特质。从历史的关系来说是古与今，但其纯粹的形态仍然应当从原始的东西中去寻求。再从地域的关系来说，要考虑古老的东西留存于周围，即所谓"周圈论"的问题，但这归根结底也无非是为了接近最本质的东西而采取的方法。

当考察中国古代民俗时，照样搬用我国民俗研究的最基本的方法——民俗语汇的采集和乡土传说的研究，几乎是不可能的。但是，在这种条件之下，到底什么民俗研究方法可行呢？有必要首先从这一点加以考察。

（二）中国的民俗学

中国民俗学的起点

中国的民俗学研究可以说比我国略迟，自民国六年（1917年）胡适发表《文学改良刍议》，否定文言的正统性，提倡白话文学运动以来，以俗文学再认识的机遇为契机而起步。这个文学革命运动在北京大学校长蔡元培领导下，请陈独秀任文学院院长，胡适就任教授，钱玄同、刘复、周作人等同人也参加进来。而周作人则是最早向中国介绍柳田的

周作人介绍《远野物语》的文章

《远野物语》和佐佐木喜善的《听耳草纸》的人，据说几乎收藏了我国民俗学方面的全部图书（直江广治《中国民俗学》）。民国七年（1918 年）北京大学设立歌谣征集处，十一年（1922年）新设研究所国学门，努力收集各地歌谣，有二十二省的约三千首歌谣，发表在《歌谣周刊》上。

这种歌谣收集是在作为学术研究资料和发起新文化运动的双重目的之下进行的，其中显然包括民俗学的目的。如"folklore"被译为民俗学，又被译为谣俗学（《辞海》，1947 年版）那样，因为歌谣被视为重要的资料。

《歌谣周刊》起初作为北大日刊的附录，后来变成独立的周刊，约三年间采录了河北三千六百九十三首、山东一千零三十七首、河南九百三十三首、江苏一千三百七十五首、云南两千三百八十五首、广西六百零七首等，合计一万三千三百三十九首歌谣。对于各地共同主题的歌谣之间明显表现出的地域差异，进行了比较研究。如我国的方言研究和民俗语汇比较之类的关系，也成为其中的课题。但在其研究过程中，关于原音标记方法，似乎存在困难。我国则早已实行假名标记。

民国十五年（1926 年）国民党开始北伐，以北京大学为基地从事活动的新文化运动的领导者们相继南下，转入成立不久的中山大学，在当地重新展开了民俗学研究。设立语言历史研究所，发行董作宾、钟敬文编辑的《民间文艺周刊》；其后创建民俗学会，刊名改为《民俗周刊》，不久由容肇祖担任编辑。学会并开设讲习班，由顾颉刚、容肇祖、余永梁、钟敬文等担任讲师，讲授民俗学诸问题。《民俗周刊》虽稍有间断但也发行到民国二十二年七月第一百二十三期，此外出版的丛书达三十六册之多。各地也组织民俗学会，乡土研究也逐渐进行，但不久上海事变（1932 年）爆发，由于其后战乱不息，所有工作被迫中断。

关于战时和战后学术界的动向，收入直江氏《中国民俗学》中的《中国民俗学的历史》一文有详细记述。《民俗周刊》的末期，由中山大学研究班进行过西南地区各少数民族调查，而战后边远地区的少数民族研究似乎也颇为活跃。如我国的方言周圈论所述，边远地区的古代遗迹的确是丰富的，而在这种研究中，必须同时尝试以古代学的方法进行古代研究，努力接近它的起始点。

民俗学主要是研究文化传承状态的学问。它的研究有自己的目的和方法，不从属于其他目的，也不应侵犯其他领域。从研究对象的性质来说，它的方法应当是历史学式的，以其起源和传承过程为主要对象。其传承之支柱，不言而喻是宗教方面的东西，是社会方面的东西。

中国的民俗传承未必具有充分条件。即使创立文字早在三千三百年以前，其民族文化传统连绵不断，但是由于政治不安定、社会变动、少数民族统治和大规模迁徙等，其民俗基础已然几度遭到破坏。中国的民俗学研究首先从采集歌谣着手，在这个意义上很富有启发性。这种传承几乎不涉及物质方面的条件。在中国的民俗研究中，探索其传承过程困难颇多。尤其是从何处求其起始点，似乎是首先面临的问题。

民俗语汇与古代语言

民俗语汇的收集，在我国被视为民俗研究的重要方法。通过不断努力地加以采集和整理，民俗学研究所编辑的《改订综合日本民俗语汇》五卷于昭和三十年（1955年）完成，利用起来非常方便。主编柳田在该书序言中举出如下两个例子说明语汇研究的重要性：

> 意味着共同劳动交换的"ユヒ"一词，在古代曾有使用的痕迹，但长期以来始终不了解"ユヒ"这个词是什么意思。近来才知道，日本全国四分之三以上地区通过使用"ユヒ""ヨヒ""イイ""エエ"之类及其他稍加变化的词汇，国民间实现了长效的合作。再者应当提到，最近我们才提及的"ニホ"，这个将稻穗堆积贮藏的、与信仰有关的保存法，在大体相当日本面积四分之三左右的地区内，即从北端到中央部西头，虽然分散于各处，但是全都保留了下来。种稻是日本人固有信仰的基础，这一点将要开始逐渐得到证明。

"ユヒ"即"结"，从前是指结合的意思。本来的含义是对神发誓，与神约定。大伴坂上郎女所作的歌"空把山林守，山间事不知，山中标印记，辱没令人嗤"①（《万叶集》卷三，四〇

---

① 中译文引自杨烈译本《万叶集》（湖南人民出版社，1984年版），后文同。其中的"印记""标记"在原歌文中可以大致对应"结"。——译注

一），是给同族骏河麻吕的戏作，意思是不知道其已有亲密的女伴，为爱慕而难为情。骏河麻吕则报之以"虽云山有主，有我不如无，吾妹有标记，他人已改涂"（同上，四〇二）。这是在亲族游宴席上的即兴之作。

再有，大伴池主天平十九年（747 年）三月三日致家持信中所作长歌[①]结尾如下，"少女来春野，摘堇筐满盈，白袖反折起，高牵红衣裙，少女心思乱，情深恋待君，欲解心中闷，何不去游春"（同上，卷十七，三九七三）。其末句[②]大约是"约会时的惯用语"（《万叶集释注》）。这是"ユヒ"一词在古代使用的痕迹。

"ニホ"的古语似乎是与"ニハ""ニヒ""ニヘ"同一系统。在《日本书纪·神代下》里，有"以吾高天原所御斋庭之穗，亦当御于吾儿"；在《古事记·仲哀天皇》里，有建内宿弥"居沙庭请神命"。这些"庭"[③]仿佛是神圣的场所。据《播磨国风土记》的宍禾郡记载，因以"大神之御粮"酿酒，献其庭酒宴之，故该地称为"庭酒之村"，后改名为"庭音之村"。庭酒即御粮之酒的意思。

新尝[④]在《万叶集》东歌中读作"ニフナミ"。如"谁来推我

---

① 长歌，《万叶集》三大歌体之一，其他两种是短歌和旋头歌。三者都是五音节和七音节交替或重叠进行，而每一歌体的句数与音节数有所差异。短歌有两种：一是独立的，二是附在长歌后面的，叙写长歌的重点或补充，称为反歌。——编注

② 日文原文末句出现"ユヒ"一词。——译注

③ "庭"的日文读音是"ニハ"。——译注

④ 每年阴历十一月中旬卯日，在宫中举行仪式，请诸神品尝新谷，天皇自己也吃。——译注

户，此户久持斋，为赴新尝祭，我夫去未回"①（卷十四，三四六〇）中的新尝就是这样读法。这个活动叫作飨（ニヘス）。所谓"葛饰早稻熟，飨神祭祀恭，爱人岂外立，请入祭堂中"（同上，三三八六），指的是飨神时斋女的感叹。

《日本书纪》中新尝的古语训读有"ニハナヒ""ニハナヘ""ニフナミ""ニヒナミ"等。大尝会时，在悠纪、主基之中奉献神馔的地方称为"赞殿"（ニヘドノ）。禁中的内膳司也采用同一名称。若从"ニハ""ニヒ"和"大尝"（オホニヘ）、"赞"（ニヘ）的关联考虑，似乎也可以理解为在本来意味着新谷的"ニハ""ニヒ"上附以"ナフ"的名词形。收获新稻的共同作业，从前又叫"ニヘ"，称为"ニヘス"。

"ユヒ"也好，"ニホ"也好，在古代语言中仅仅留下其用义法的片段，后来被深深埋没在地方社会的庶民生活之中。在此期间，语义也被加上特殊意思，或者往往受到限定；但即使如此，沿着古代语言的系谱追溯，也能够重新查清语言历史上的演变。这种语言历史的演变，同时也显示出语言所承担的文化史和社会史方面的意义。

探求民俗语汇与古代语言的系谱关系，从中发现语言史的发展痕迹，可能成为民俗研究的重要方法，这在中国古代文字方面也是一样。

对应国语发音"ニヒ""ニハ"的汉字是新、庭。国语发音意为新稻，其对应的汉字原义则是新庙、神廷。国语中是作为

---

① 为与上下文关键词相统一，本句对杨烈译文有改动。——编注

农耕仪礼的词汇，而其汉字构造的意义却是新近成灵的父亲的神位，是神降临的圣庭。

"新"（见图①）是由辛、木、斤三要素组成的字。选择圣树时，把辛（针）扎在它的干上，标明这是圣树。与所谓"标记"相同。这是为了制作新近成灵的父亲的神位（牌位）。新宫即祢宫，就是父亲的庙。祭祀父亲新庙的，自然应当是"亲（親）"①（见图②）。儿子应当亲自立于神位前瞻仰、叩拜。因此，新与亲常常通用。《尚书·金縢》中"惟朕小子，其新逆"即是一例。

庭从前写作"廷"（见图③），廷即宫庙的前庭。在那里置泥塑，迎神灵。为泥塑斟酒，人在它的前面等待神的降临。祈求神的降临而奉上祝词（口）的形式即是呈，此仪式在廷中举行。

①　②　③

我国关于农耕新谷仪礼的语言"ニヒ""ニハ"所对应的汉字新、庭，其本义是关于祖灵祭祀的语言。正如在我国"种稻是日本人固有信仰的基础"那样，在中国可以说祖灵观念处于古代民俗仪礼的中心。虽然以上述一二词例不能直接得出有意义的结论，但是作为民俗研究的一种方法，以我国的民俗语汇所对应的汉字来进行古文字构造研究，从上述的例子也能推测出一定的有效性。

---

①　"親"是"亲"的繁体字。本书解说具体汉字的字形时会酌情使用繁体字或异体字，以便读者直观了解。下文不再一一注明。——编注

古代语言的汉字

古代语言毫无遗漏地传到后代是不容易的。即使假定有标记方法，被记录的机会恐怕也受到限制，而记录后保存下来的则更加有限吧。民俗学之所以特别重视传承，并以保存至今的东西为对象，是缘于以传承的行为性为主要对象，但文字记录也是传承。

民俗语汇的收集作为所谓方言周圈论式的研究资料是重要的，即由调查其方言的分布，掌握文化波及的状况，以便进行文化史的整理；而当进行文化史的整理时，仍然必须在文献和记录中求得佐证。例如，表现生产合作关系的"ユヒ"这个民俗语汇即使在广大范围内进行了采集，或者"ニホ"和"ニハ"被推断为同一语源，也要在古语中有证可查时，才能确定对它们的解释。民俗学的研究法，可以说以由今溯昔的溯源法为其基本。

众所周知，汉字创立颇早，殷王朝安阳初期武丁时代业已完成。武丁期的甲骨文，无论在文字形态上，还是在刻辞内容上都是最宝贵的资料。从安阳期以前的殷文化遗址中，没有出土充分的文字资料，且武丁以前的文字样式，只有极少数得到确认。总之，可以认为殷代文字是进入安阳期后完成的。汉字与语言相对应，有多少言词则需要多少汉字，所以汉字的成立应当是同时的。汉字的构造原理一经创出，按照这个原理很容易造出需要的文字。

把汉字作为古代语言资料，或作为民俗词汇资料使用时，第一个有利之点在于其成立的同时性。象形、指事、会意等基本文字，这时几乎已经形成。其后大量创造形声字，使汉字数目超过四万，而原有的基本字仅占百分之五，约两千个左右，其中大部分在甲骨文、金文中已经出现。

最古的卜文

　第二个有利之点是其文字构造原理表示出当时的时代观念和思维方法。与同时性一起，又具有可以称为同质性的特征。无论语义之后如何变化和多义化，文字的原义明显地保留在它的构造之中。"新"的原义是新死者的位牌，"廷"的原义是庙前降神的地方，后来多半使用它们的转义，原义也就这样被忘了，但从它们的文字构造和古代使用规则上很容易复原原义。文字全部具有同时性、同质性，也使文字相互之间的关系紧密起来。"新"与"亲"、"廷"与"庭"属于同系字，其声、义也相通。如"庭"从庙屋形状的"广"一般，"新""亲"也有以庙屋之意加"宀"的字形（见图④）。

④　　　⑤　　　⑥　　　⑦

　汉字不仅是古代语言的形象化，具有同时性、同质性，而且它的文字体系是把创立文字以前的传承原封不动地集结在字形之中。因此，有时神话式的传说被原封不动地字形化，殷始祖王亥便是以鸟形神的样式展现的。《山海经·大荒东经》所谓"有困民国，勾姓而食。有人曰王亥，两手操鸟，方食其头"的神像，在甲骨文中以加鸟头的字（见图⑤）表现出来。

在文献上，殷代带有神话性质的先驱——报乙、报丙、报丁的名字，卜辞中是在"匚"里加上乙、丙、丁的字形（见图⑥），恐怕是包含其祭仪形式的标记吧。"匚"通"报"，似乎是祭仪的场所，即祀坛的象形。犹如位于中央祀坛的上甲（见图⑦）在"□"中以"十"（甲）的字形表示那样，位于三面的乙、丙、丁则在"匚"形中表示。

《说文解字·一上》（此书以下略为《说文》）所举的"𩫖"或它的别体"祊"，可能是"匚"之后的字形。二者都是形声字，"彭"是鼓乐，"祊"则把寻神的意思也加了上去。关于"𩫖"，《说文》写道，"门内祭先祖所以彷徨"，意思是寻找祭祀处所而彷徨于庙门之内。《礼记·郊特牲》写道，"索祭祝于祊，不知神之所在。于彼乎，于此乎，或诸远人乎？……求诸远者与"，这是彷徨的意思。"匚"大约是庙门内的祀坛。

即使王亥和报乙、报丙、报丁的标记法是相当特殊的，古代文字整体上也的确是在这种造字意识的层面上创立的。从这个意义上可以说，古代文字整体就是民俗语，就是民俗语汇。整个文字体系可以直接作为民俗语汇，这种关系除汉字外恐怕少有其例。

（三）古代文字与民俗学

鸟形灵

象形文字不仅是记号，即不仅具有记录语言的机能，而且要通过字的构造表现语言的意义和语言背后的观念，这是汉字作为象形文字所具有的重要特质。将象形组合起来是会意字，在会意字中，由于复合可以表现更复杂的概念。汉语是由一音节组成的单音节语，这种单音节语之所以能够表现复杂的观念，与其象形造字法未必没有关系。举上引例子来说，"新"是"为制作神位而被砍伐的圣树"，"庭"是"庙前行降神之礼的圣地"。这些字理应在原义之中含有其字形构造所表示的意义。因此，这种字形构造才是可能的。

这种造字法建立在如下一种系列关系之上，即一定的形象原则上经常承担一定的意义。譬如，举"隹"的例子。《说文·四上》说"隹"（见图⑧）是短尾之鸟，"鸟"（见图⑨）是长尾之鸟。但是甲骨文里所见的"鸟"，似乎被当作占星术对象好雨星的名字——鸟星，或被认为是不吉不祥之前兆的鸣鸟，以及表示风神的凤字等。只有几个字写成它的形状，其余全部采用"隹"的形态。说起来，"鸟"是特殊的圣鸟，"隹"是一般的鸟。不过用"隹"表现的东西也不仅是象形。

⑧

⑨

卜文 王祸与蛊

"隹"在古时用作发语词，也写成"唯""惟""维"。西周初期的金文，献簋有"隹九月既望（第三周）庚寅"，而《诗经·大雅·文王》有"周虽旧邦，其命维新"。最古的用法则是作为确认肯定或否定关系的用语。

甲骨文中"隹"的用法，如"贞：王咼，不隹蛊?"（《小屯，乙编》四八二一，《殷虚文字缀合》二八六）那样，包含一些动词的意味。卜问的内容是，王遭受祸事，不是因为被名叫媚蛊的妖虫诅咒吗? 这种卜问一般结合采用两个命题："隹蛊"的肯定形式和"不隹蛊"的否定形式。在这种场合，"隹"与其说是发语词，不如说更接近"有"这个动词的用法。

在金文中，"隹"被用作表示并列的"与"，领格助词的"之"，有时还有"虽"的意思。"女有隹小子"的意思是"汝虽小子"。"隹"作为鸟的象形，为什么会出现诸如此类各种意思的用法呢? 仅仅是借音的所谓假借用法吗? 还是存在什么意义上的关联呢? 假使有意义上的关联的话，又是和什么观念有联系呢? 这是问题之所在。

采用"隹"字发语，一般是在叙述王的行为或与王有关的时候。王执行祭祀时，说"唯，成王大祷"；表示王治下的历法日期时，说"隹，王八月"。这大约是谈到神圣事物时，表示"欲言不敢"意思的发言吧。其神意的媒介物是鸟，是鸟形的灵，即"隹"。

"隹"又写作"唯"（见图⑩），但"唯"并非表示鸟的叫声。加在旁边的是"口"，即祝词。这是为了探听神意而进行祷告的祝词。西周后期毛公鼎的"唯，天将集厥命"，诗篇[1]的"厥命维新"，都是仍然遵从原义的用法。"口"的形体在甲骨文、金文的字形中多次出现，但没有一例用作口耳的口字。鸟鸣则用鸟张开嘴的形式表示。

"唯"是唯诺应答之词。《礼记·玉藻》有"父命呼，唯而不诺"，《曲礼上》也有"唯而起"，相当于小心从命时"是"的回答。"唯"与"隹"同样用于发语，是因为"唯"原本有这个意思，而且本来就与"隹"有同样用法。向神祈求，由鸟的行动领会神的应答，便是"隹"，是"唯"。对这种神意，理应顺承从命。

在金文的用法中，"唯"有用于"虽"意思的例子，这表明"唯"与"虽"有意思上的关联。"虽（雖）"的字形是在"唯"上加"虫"。这个"虫"，如上举"不佳蛊"的卜辞例一般，意味着用于诅咒的蛊。

"雖"（见图⑪）在《说文·十三上》中作为虫名，"似蜥蜴而大"，但没有用例。在最古的金文中，春秋后期的秦公簋及

---

① 白川静在本书中用"诗篇"一词特指《诗经》。——编注

秦公钟上有"余虽小子"的例子。"口"是盛放祝词，也就是盟约的器物，若附有蛊的诅咒，顺承神意也会变得困难。"虽"被解释为"与夺之辞"（《易经·象传下》疏），是保留肯定的词。之所以附以"保留"，是因为在祈求中遭到蛊害吧。为了表示祈祷是纯粹的，有时在"口"下面加"心"字，这便是"惟"字。而"唯""惟""雖"字本来都附有用以祈祷的器具"口"。它们是由鸟来表示神意的字。

夺与奋

鸟是人类灵魂一时变化的形象，这个观念从文字学上也有查证的方法。当举行丧葬仪礼时，"衣"在振魂[1]、招魂上具有重要意义。关于这点，我已经在《中国古代文化》第七章里大略举过"卒""哀""睘""褒""袁"等字例。作为同系字，还可以举出与"隹"组合起来的"夺（奪）""奋（奮）"为例。

器铭中的"夺"字

"奪"在《说文·四上》里解释为失去衣中之"隹"的意思。[2]可是，"隹"本来不是装在怀里的东西，再加上"手"也很可疑。从在衣襟之内加东西的字多半与丧葬仪礼有关来说，

---

① 通过仪式性的行为让灵魂受到振动，重新产生活力。——编注
② 实际上，《说文解字》中对"奪"的解释是"手持隹失之也"，并没有说是"衣中"。白川静认为"奪"和"奮"是"衣"与"隹"组合而成的同系字，所以这样解释。——译注

我想这个"夺"不是也应当看作同一系统的字吗？

如《素问·通评虚实论》所说的那样，"精气夺则虚"，"夺"原来的意思是夺去、失掉。《尚书·吕刑》中有"夺攘"一词，古文原文"夺"写作"㪜"，《后汉书·李膺传》有将"漏脱"写作"漏夺"的例子。由此可见，"夺"和"脱"本来是声、义相同的字。

"脱"同时也是表示失掉心神的字，把"兑"作为它的要素。"兑"表示向神祈祷而处于迷痴状态，是"脱"的原字，我已经在《中国古代文化》中说过。"兄"是"祝"，它的上面垂挂"八"字形，是神气下降的形态。人当惝恍而丧失自我的状态时，神灵可以寄存其中。

"夺"如果与"脱"同声同义，"夺"也是夺去而失掉心神的意思吧。

⑫　　　⑬

"奞"（见图⑫）恐怕也是和"夺"有关联的字。包含在字形之中的"田"，不是田野的意思。它是附在衣中"隹"下的东西，大概是鸟笼之类吧。把这种鸟加在衣襟之中，可能仍与招魂仪礼有关。

"旧（舊）"（见图⑬）似乎也有与古俗有关的地方。上部是读作"萑"的鸟，《说文·四上》说"有毛角，所鸣，其民有祸"，是兔头有角的角鸮，作为一种妖鸟令人感到恐怖。有迷信说，夜晚剪指甲扔到屋子外，此鸟看到而鸣叫时，这一家将有灾祸。《周礼·庭氏》规定，夜晚妖鸟鸣叫时，当以咒弓咒矢射之，以祓除不祥。

"舊"是在"雈"之下放置带凿齿的器具，把鸟固定在这个器具里的形态。《说文·四上》说"鸱舊，舊留也"，据说是指被称为鸱鸺的怪鸟。下面的"臼"形是声符，但从造字法来看，它的整体似乎都是象形。鸱鸺是恶鸟，传说折其大羽，捆其双足，张下罗网，可以捕捉为报复群集而来的鸟。把它固定在带凿齿的器具上，也许是丧葬时防止夺走灵魂之类旧习俗的残余。所谓"舊"大约是"舊留""舊止"的意思吧。

"久"也有"久留""久止"的意思。因此，"久"与"舊"有时通用，如"柩"的字形是在棺中放置尸体，有的字形则以"舊"代替"久"。《说文·五下》解释"久"，说是像人叉开双腿站立的侧面形状。[①]"尸"，即尸体从后面支起来的形状，把它放在棺中则成为"柩"。有时用"舊"取代"久"，不仅因为字音相同，而且这两个字在意思上有关联，"久"若是尸体，"舊"则是以保留鸟形灵魂的象征性方法，表示灵魂得到保留吧。

化为鸟形灵的魂，似乎可以用诵念其名的办法招来。称未亡人为"寡"（见图⑭），其字形是头上饰以麻丧的女人在庙中思念亡夫的样子。她的样子充满忧愁。在这个沉湎于忧愁的人身后，紧挨着"隹"字的字形（见图⑮）。这大概

---

① 《说文解字》对"久"的解释是"以后灸之，象人两胫后有距也"，白川静对此理解似有误。——编注

也与"寡"意思相同，而这个"隹"肯定是表示亡夫的亡灵的。女人如果先死，丈夫则称为"鳏"。字形是在"鱼"上加"眔"（见图⑯），"鱼"如下文所提到的那样，是女性的象征。"鳏"和"寡"都是采用非常象征性的手法表示的。

⑭　　　　　⑮　　　　⑯

人们认为，化为鸟形之灵而被夺走的死者灵魂，必然定时返回故乡。而候鸟定时定点飞来的神秘生态，很容易使人将其与灵魂观念结合起来。最初大约是在候鸟飞来的沼泽旁边举行迎接死者灵魂祭典的。《诗经·大雅·凫鹥》诗云："凫鹥在泾，公尸来燕来宁。"飞至泾水的凫鹥成为祭祀诗的发想[①]，引出祖灵的主题。各地的部族以这种沼泽为圣地迎接祖灵，周朝王室在丰水之滨建筑神殿称为辟雍，春秋时期鲁国在沂水之滨建筑泮宫。"泮"就是水边的意思。

辟雍之制

"应（應）""膺"同音，原来写作"雁"。"雁"似乎与"鹰"字有关，其中的"隹"或许是"鹰"。西周早期应公觯的铭文中的"雁"字，显得深目劲悍，大概是描绘它的姿态。西

---

①　日语"发想"一词，一般指思想与诗情的表现，在本书中有时还有发端、构思、设想之类的意思。——译注

周后期毛公鼎有"雁受天命"，"雁（见图⑰）受"是"膺受"的意思，即承受神意。

关于"雁"的金文字形，据王国维《毛公鼎铭考释》(《观堂集林》外集，收入《古金文考释》)说，字的上部"尸"是从侧面看人的腋部的形态，这个字是使鹰停在臂肘上的样子。虽然古青铜器中有表示放鹰古俗的立像的遗器，可是"雁受天命"的"雁"与放鹰风俗无关，大概是表示获得天之感应方法的字吧。

清末金文学者方濬益的《缀遗斋彝器考释》卷四中应公鼎的条目上说，鹰的巢窠在山石岩穴之间，"尸"是山石的坠落形状。但"尸"形在司（见图⑱）、嗣、姠（见图⑲）等司系的字中出现，都是在盛放祝词的器具"凵"上加"尸"。所以它大约与其仪礼有关吧。甲骨文中也有把"王二十祀（二十年）"记为"王二十司"的例子，"司"与"祀"通用。如此看来，包括"尸"形的"雁"字大概也意味着由鸟窥探神意的仪礼。

⑰　　　　　⑱　　　　　⑲

《诗经·大雅·大明》篇有"维师尚父，时维鹰扬。凉彼武王"的诗句，普通解释为师尚父所统帅的军队如鹰、隼一般勇猛战斗。但从其次的诗句"肆伐大商，会朝清明"来说，这也是指得到神意辅佐武王吧。否则，诗意不贯通。

将鸟用在祭神仪礼上的证迹，在其他两三字中也可以看到。譬如，有个在"隹"上加"攸"的字（见图 ⑳ ）。从"修""悠""滌"等字可知，"攸"（见《中国古代文化》）的意思是被禊，而鸟不会被禊，所以这是被禊时由鸟探知神意的意思。另外有"隹"上加"殳"的字形（见图 ㉑ ），似乎也是与祭神行为有关的字。因为这个字包含在西周神都莽京辟雍的"雍"字形之中。不过，它被用作"敬雍""雍和"的"雍"，或者"饔食"的"饔"的意思。

⑳　　㉑　　㉒　　㉓

莽京是西周的神都，西周时期的金文中常常能见到在莽京举行仪礼的记载，莽京的修建大约是与西周建国同时开始的。武王起初修建新邑（后称成周，今之洛阳），想在该地建都，但是后来定都宗周（又称镐京，今之西安），在其西南修建莽京（今之丰县附近）作为神都，建筑辟雍，祖神配天而祀。"辟雍"其后被称为明堂或灵台。

称明堂为辟雍，是因为它的四周环水，中岛修高台迎神明。"辟"是璧（见图 ㉒ ）、圆玉，即周围的水池形。"雍"本来写作"雝"（见图 ㉓ ），金文字形也与此相近；而"水"是池水，"吕"与"宫"字下部相同，是宫室之形，再加上"隹"。"辟雍"由大池和明堂组成，"隹"大约是聚集于这个圣地的鸟吧。它被认为是祖灵来临的标志。西周中期，记录莽京仪礼的金文颇多。

臣辰卣

周初采取三都制，宗周是首都，莽京是神都，成周是军都。周初的国家大典在这三都举行。白鹤美术馆所藏的臣辰卣是构成数十器群的臣辰诸器有代表性的佳品，它的铭文上记有当时举行的仪礼，如宗周的禴（祭名）、莽京的饗（飨宴）以及成周的殷同（军事性的大会合）等。在军事处于重要地位的时期，成周方面的器居多；在祭祀盛行的时期，莽京方面的器居多。

大凤纹

在莽京仪礼盛行时期的青铜器花纹中，器体上艳丽的大凤纹居于统治地位。凤纹大约与鸟形灵的观念有联系，所以才铸在祭器上的吧。当时莽京的仪礼似乎促进了西周礼乐文化的创立。所谓"郁郁乎文哉"（《论语·八佾》）的周朝文化，是在这个时期打下基础的。

从文字创立初期业已存在的鸟形灵观念，在作为国家仪礼的祭祖礼乐之中，是以一种成熟的文化来展现的。

古代歌谣与民俗

（一）万叶集与民俗学

先驱的研究

关于《万叶集》的研究，摆脱注释与鉴赏式的就作品论作品的立场，试图采用古代研究式的方法，大约始于昭和初年（1926年）。我认为西村真次的《万叶集的文化史研究》无论如何可以称为先驱。该书于昭和二年（1927年）初版发行，经过三次重版，昭和九年出版增补改订版。这是一本概略性的书，但正如著者自己所说的那样，是以"纵然拙劣也是第一本"（初版自序）的自负而问世的。

这本书在第一章绪言和第六章结语之间有四章，提出了种种文化史方面的问题。在第二章"人种学的考察"里，以体质的特征论及种族系统，指出隼人、肥人、安太人诸种族，从人种要素来看，当时仍然保持着同化以前的生活。安太人有中国南方用鸬鹚捕鱼的习俗，是提供供品的种族。但是，这里没有触及与古代王权关系最深的海人族[①]的问题。

_____

① 绳文时代晚期至弥生时代早期从事渔业为生的族群。——译注

　　在第三章"工艺学的考察"里，研究衣、食、住的形式和器具、交通方法、历术和音乐、舞蹈等，属于现在民俗学所谓有形文化领域的问题。在第四章"社会学的考察"里，从性和家族、职业分化、行政、政治、外交展开，以交易、关塞、军事、年中行事①以及社会生活中的各种思想倾向等作为研究问题。可以说是以社会形成、社会存在的各种问题为中心的。

　　第五章"土俗学的考察"是现在所谓民俗学研究的主要领域。"folklore"开始在我国被译为土俗学，明治二十六年（1893年）土俗学会组成，"民俗学"的名字得到普及是进入昭和时代以后的事。在第一节"咒的习俗"里，列有求雨、结草、盛饭、挥袖、共触（相当于今天的交感咒术）、萱草、翻衣袖、插头、鬘、不扫除（相当于所谓持斋吧）、白铜镜、盟誓、扬言、寿言、逆言十五个项目；在第二节"禁忌的习俗"里，论述衣带、神树、标、禁言等禁忌习俗；在第三节"正占与杂占"里，论述鹿卜、龟卜、足占、琴占、夕占、石占、水占、梦占、山菅占、苗占等占卜；在第四节"灵感的征兆"里，论述游离魂等灵魂观念；在第五节"祈祷与祭祀"里，论述从咒术向宗教的发展；在第六节里则进而论述伴随上述发展的葬仪变化等；第七节"神话与传说"，设有竹取翁、浦岛传说、三角恋爱故事、仙女柘枝、太阴传说、七夕传说、历史传说、口头传说各项，即所谓口头文学。

　　著者在第六章"结语"中提到第四章、第五章是重点。在

———————

①　一年中按惯例举行的仪式活动。——编注

初版自序里又指出，《万叶集》研究的现代意义在于，产生它的飞鸟、宁乐时代，在接受外来文化上与明治、大正时代极其类似，因而有必要回顾历史的经验。著者多次引用弗雷泽的《金枝》等，随处应用它的宗教民族学方法。

　　稍微详细地介绍这本五十年前旧著的章目，是为了重新考察几乎与它同时出版的折口信夫的《古代研究》和没有从正面研究古代（也包括《万叶集》在内）的柳田的民俗学，后两者是多么"日本式的"，甚至含有一种特殊的偏执。

折口的古代研究

　　柳田的一国民俗学立场从一开始就难免持有排他、闭塞的倾向。而且因为将民俗学严格地规定为庶民的文化及其口传文化，对象范围被限定为乡土研究、民俗语汇采集等现存资料而非文献，他的民俗学本身当然就与历史学、社会学以及其他关联科学远离了。对此，相关的各个领域均提出严厉批判，也给其后的民俗学带来分裂的倾向，这在堀一郎氏的《民间信仰》（岩波全书，1951 年）的第一部中有简明而有益的论述。

　　折口信夫的《古代研究》中的《民俗学篇第一》及《国文学篇》于昭和四年（1929 年）问世，第二年又出版了《民俗学篇第二》。这些都是当时不易得到的特制精装书。折口于大正十年（1921 年）旅行琉球，探访民间传说，大正十二年写《琉球的宗教》，同年又试图再游琉球。柳田直到晚年才开始关注的南岛民俗，而折口很早就领略了，这对两人的治学方向影响甚大。《古代研究》三册的发想得之于南岛的民俗研究，几乎是无可置疑的。柳田将《万叶集》置于比《神歌》①更久远的位置，折口则在对《神歌》的研究之中观察《万叶集》。

第一卷《国文学篇》的中心是以"国文学的产生"为主题的四篇文章和"万叶集研究"等《万叶集》论考的数篇文章。从稀人②的远道而来和结群而行，来探求国文学形成的发想法，显然得之于南方岛屿的民俗文化。从那里产生了咒文和叙事诗文学，在其传承者——巡游艺人们的生活中，存在着文学最初产生的基础。卖唱的乞儿、语部③、底层民众的文学，构成古代文学丰富的底流。

在《民俗学篇》里也论述了由于异乡意识所形成的古代人生活和祭祀的各种问题，其中也首先从研究事物的产生入手。在第二篇的《补笔》里，拒绝卡片式研究方法的态度也很有趣。对所谓实证化，则指出"夹杂着许多强行促使知识与经验相融合的、缺乏实感的空想"。这也可以看作是对柳田学说的批判。

自昭和二十八年（1953年）三月开始刊行的《万叶集大成》二十二卷，历经三年方告完成。正宗敦夫的《万叶总索引》也收入其中。这在《万叶集》研究上具有划时代的意义。第一卷《总记篇》中有肥后和男的《万叶集与民俗学》，论述《万叶集》研究需要民俗史学协力，同时在民俗史学上应当活用古文献资

---

① 《神歌》是琉球古代歌谣集。——译注
② 稀人指从大海彼岸应时来临的神，对于稀人的信仰构成日本民族信仰的主干。——译注
③ 负责在宫廷仪式上讲述古代传说的人，日本曾有这样的世袭专职。——编注

料，致力于"古代民俗体系的探求"（第三百一十六页）。其所收的十三篇论文中，和歌森太郎的《万叶中的民俗》、直木孝次郎的《万叶集与农耕》表现出历史学的倾向，堀一郎的《关于万叶集中所表现的丧葬制与世界观、灵魂观》采取宗教民族学式的方法，可以看出这个时期民俗学方法的多元化倾向。卷末载有柳田、森本治吉、堀一郎三人的座谈。据高木市之助氏的后记说，这次座谈原本预定折口氏出席，但因他突然去世（昭和二十八年九月二日）未能实现。柳田氏当时七十九岁，八年之后去世。

　　和歌森氏的论文对《万叶集》的民俗研究采取三个角度观察。即将《万叶集》和歌中所表现的民俗作为资料加以考察，在对《万叶集》的解释中利用民俗学的知识，最后是将"《万叶集》中浮现的传说世界里的各种生活体系"全体作为对象。和歌森氏自己还将《万叶集》分为三个项目：一、日常状态（住、衣、食）；二、生产劳动；三、男女关系。同时举出一些和歌为例加以论述。他的民俗学也可以说是采用了历史学的方法，所以这篇论文后来被收入《历史研究与民俗学》（弘文堂，昭和四十四年，1969 年），成为该书第二章"民俗的历史形态"中的一篇。

　　关于古代信仰问题，由堀一郎、原田敏明两位分担，尤其是堀氏的论文，举出挽歌九十四首，探究其丧制与他界观念问题。在上文提及的《民间信仰》的序言中说明，以"宗教民俗学"标示他的民俗学，力图使其体系化。所谓民俗，本来具有古代宗教的、咒术的性质，理应以它的遗迹——民间信仰的范围为主要对象。从这个意义上说，在《万叶集》的民俗学研究中罗列许多衣、食、住和动植物之类的名目没有太大意义。因为即使这类项目的研究多少取得一些进展，也不能指望《万叶集》的民俗学研究大步前进。

关于《万叶集》与民俗学问题，之所以从研究史上进行了一些回顾，是因为其中仍然残留许多我国民俗学当前所面临的问题。古代文学可以说是古代"各种生活体系"的全面体现，它并非被用来采集民俗事实的资料，而应当认为，文学所表现的出来的完全就是民俗的整体。

在《万叶集》里，譬如挽歌本来就是那样的作品，祝福歌、羁旅歌、所谓写景歌等，在其古代特性方面，也不外乎是古代民俗本身的体现。从祝福歌向相闻歌[①]的演变，从羁旅歌向写景歌的演变，也正是由于它们原来都是咒歌[②]，至少初期的《万叶集》和歌大都具有咒歌的性质。我在《初期万叶论》（中央公论社，昭和五十四年，1979 年）中概略谈过这点。当和歌被闭锁在个人咏怀的、自己内心的世界之前，歌咏以及歌中所表现的东西通常伴有一些咒术的性质。必须看到，不是《万叶集》包含民俗资料，而是古代和歌的状态和它的咒语性质本身就是民俗式的东西。拒绝对《万叶集》进行民俗学方面的研究，对民俗学来说几乎等于自杀。

---

① 相闻，《万叶集》三大类别之一，指感情的互相闻问，大多是男女赠答的恋歌，其他两类为挽歌、杂歌。前者主要是哀悼死者的诗歌，后者范围很广，包括不属于相闻、挽歌的其他作品。——编注
② 咒（呪），在日语中有时表示"祝"的意思，此处的咒歌意为祝歌。——编注

歌谣的原有性质

歌谣原来是咒语性质的东西，这点我已在《中国古代文化》第六章"歌舞与游艺"的第一节中说过了。从文字学上看，所谓"歌"，是对神祈祷，强烈要求实现愿望，其原义是"苛责"。"谣"是供肉祈祷时所说的"颂词"。它的声音大约具有特殊的抑扬和韵律，即所谓"般若声"①之类吧。

国语的"歌"，也与"宇多歧"②或"阿太歧"③有关，其源于《古事记·雄略天皇》的"大王射猎，野猪负伤，宇多歧令人恐怖……"，或《播磨国风土记》中托贺郡的阿多加野名字起源传说中，品太天皇狩猎时中箭野猪"阿太歧"。这是尽力想要打动神灵时所发出的特殊声音，是为了接近神圣者的特殊声音。这种时候的抑扬和节律是提高言灵机能的手段，其完成形态则是"歌"。吉本隆明氏的《初期歌谣论》所做关于歌之起源的韵语检索，在这个意义上是正确的方法。

短歌的形成可以说是神圣咒语采取文学形式加以表现的最初成果。因而，初期短歌的本质便是咒歌。挽歌与其说本来是悲伤的歌，不如说是镇魂的歌。柿本人麻吕写有许多哀悼死于路途者的歌，也是作为镇抚其怨魂的游部（随从丧葬的部民）所作的歌。

作为挽歌的初期作品，《日本书纪·孝德天皇》大化五年

---

① "般若声"指充满知、德的佛音或诵读《般若经》的声音。——译注
② "宇多歧"意思是吼叫。——译注
③ "阿太歧"与"宇多歧"同源，也是吼叫。——译注

（649 年）关于野中川原史满在皇太子妃造媛死时所献的两首挽
歌有如下记载：皇太子中大兄曰"善矣！悲矣"，"乃授御琴而
使唱"；《日本书纪·齐明天皇》四年（658 年）皇孙建王八岁夭
折时，天皇作歌三首，"时时唱而悲哭"。其中两首如下：

今城之小山，上有云气遮，
明显直立起，犹如哀叹何。　其一，一一六

飞鸟川之中，浩荡涨满水，
流水无间隙，亦若有所思。　其三，一一八

　　第一首的"明显直立之云"是灵魂出现的暗示。把云与雾
作为死者或远游者灵魂的形象，是古代人普遍的观念。从这点说
来，第三首的"涨满之流水"也不仅是冠于"无间隙"之上序词
式的修辞吧。作为联系生命感情的用语，它应当具有诱发对生命
回忆的力量。在语言的节律中，有支持其节律的内在联系。
　　古代人常常在自然现象及其存在的形态之中确认生命与灵
魂的形象。但也有不同的，例如，天智天皇不豫（重病）时太
后作歌曰：

放眼天空望，天空万里圆，
大王长御寿，永世有天年。　卷二，一四七①

① 　表示诗句出自《万叶集》第二卷，第一百四十七首诗。后文以卷目和编号
的形式标注的诗句皆出自《万叶集》，不再一一说明。——编注

　　　　青色小旗上，英魂正往还，
　　　　眼睛看得见，不得近龙颜。　　卷二，一四八

以上这种便是不以任何形象来表现的。但一般则如以下三首中
的青云、朝霞、秋风那样，采取与心象密切相关的形象：

　　　　云积北山上，青云步履轻，
　　　　既离星以去，又别月而行。　　卷二，一六一
　　　　　　　　　　　　　　　　　太上天皇（持统）

　　　　雾盖秋田穗，朝霞散漫浮，
　　　　恋愁霞雾里，何处可消忧。　　卷二，八八
　　　　　　　　　　　　　　　　　磐姬皇后

　　　　我正恋君苦，待君门户开，
　　　　秋风吹我户，帘动似人来。　　卷四，四八八
　　　　　　　　　　　　　　　　　额田王

其中第一首是天武挽歌，后二首在《万叶集》分类中属于"相
闻"，但其形象之本源恐怕是挽歌吧。
　　雾常常被用为挽歌或相闻中悲伤的形象。例如：

　　　　大野山前雾，弥漫似海潮，
　　　　我今长叹息，吹雾若风飘。　　卷五，七九九
　　　　　　　　　　　　　　　　　山上忆良

　　　　君行到海边，宿处雾弥漫，

定是吾长叹，君知应早还。　卷十五，三五八〇

《遣新罗使人等赠答歌》

定是因吾故，妹应叹息频，

试看风速浦，海上雾如尘。　卷十五，三六一五

《风速浦船泊之夜作歌二

首·其一》

雨也用来传达人的悲伤。于是，旅途上的雨会唤起对故乡的孤愁。例如：

春雨作来使，家人特遣来，

泪流春雨降，谁不湿衣哉。　卷九，一六九八

《人麻吕歌集》

不仅是在这种自然现象及其变化流动之中看到有生命的事物，连绵不断的山脉，越过山野远行的长路，在古人心中也都是有生命的，也都是生命状态的象征。因之，人麻吕在石见国作别妻子时所作的语重情长的长歌末句是"吾妹倚门望，思我多忧劳，吾欲望家门，此山应速逃"（卷二，一三一），可以命令山脉服从。同样，当中臣宅守流放越前时，伤别的狭野弟上娘子唱道：

君行是长路，如席卷成团，

愿有天来火，焚烧此席完。　卷十五，三七二四

也可以作激情式的表现。

这些诗歌在《万叶集》中也由于时间的推移，不一定保持着同样性质，但采取这种象征，这样来歌咏，不仅是诗歌的技巧与修辞，即不仅是比喻式的表现，也是与歌咏的目的相适应的，是在振魂、镇魂行为的意识下歌咏的。挽歌无非是镇魂的实修方法，而在相闻的初期作品中，振魂式的东西颇多。用今天的话来说，这种咒语诵咏应当理解为民俗心理学领域的问题。

《万叶集》里这类诗歌的情况，此处不过窥其一端，从它的整体来说确乎是民俗式的东西，并且是我国民俗的源流。民俗研究首先应当究其本源，然后沿流查明千波万浪的变化。在中国也是如此，幸而存有与《万叶集》所占地位相当的古代歌谣集——《诗经》的三百零五篇。作为古代歌谣，二者之间恐怕具有许多共同之处。我认为，《万叶集》与民俗学的关系问题，有的照样可以适用于《诗经》。

（二）诗经与民俗学

诗经学

《诗经》古称《毛诗》，更古老的时代则只称为《诗》。先秦自不待言，前汉由毛氏作《毛诗诂训传》，后汉郑玄进而加《毛诗传笺》，唐代根据这《毛传》与《郑笺》作《五经正义》

之一的《毛诗正义》，其后直至南宋通行《诗经》这个经学式的称呼之前，始终被称为《诗》或《毛诗》。《诗》既是诗篇的总称，同时也是固有名词，是因为这部诗集被认为古代正统诗歌的全部。

对于《万叶集》，曾在平安时期试图编写古训，注释性的研究始于仙觉的《万叶集注释》（成书于文永六年，1269年），其后有下河边长流的《万叶集管见》（成书于宽文年间，1661—1672年）和契冲（1640—1701年）的《万叶代匠记》相继问世，其体系渐趋完备。从《万叶集》最后的诗歌时期算起，大约已经过去了九百五十年。

诗篇流行的时代大约以西周中后期（前950—前771年）为中心，多少也涉及前后的时代。这些诗歌进入王室宫廷，经乐人之手以仪礼诗、宴乐诗的形式传承下来。先秦诸学之中，儒墨两学派认为《诗经》是先王盛世时代先圣留下的经典，力图加以利用，为其学说服务，因此也很提倡学习。孟子时，有个被称为高叟的先辈，似乎曾经讲过《诗经》,《孟子·告子下》记有此事，现存《毛传》中引用高子之说两条。

但是，诗篇被完全定型化是进入汉代以后的事，从流行时代算起经过了七八百年。定型化的同时，也对它加以注释，燕人韩婴所传的《韩诗》、齐人辕固生所传的《齐诗》和鲁人申培所传的《鲁诗》合称三家诗，于汉景帝（前156—前141年在位）时被定为国学。《毛诗》比三家诗晚，于后汉时问世。

不过这些古代的诗经学如《汉书·艺文志》所说，"或取《春秋》，采杂说，咸非其本义"，大多离开诗篇本义，把诗篇

与历史故事结合，施以传说性的解释。这与我国的《纪·记》①
歌谣的情况颇为近似。而且这种解释至今仍然流行，显示出东
方学不可救药的停滞。甚至普及程度最高的岩波版《诗经国风》
（上、下册）等书也基本上墨守这一立场。对方法论的探索，至
今仍缺乏热情。

诗篇现存三百零五篇，其中包括周南、召南等各地歌谣共
十五国风，合计一百六十篇；以西周贵族社会的仪礼诗为主的
《大雅》《小雅》，合计一百零五篇；周王室的宗庙歌——《周颂》，
后来追加的春秋时期鲁国的宗庙歌——《鲁颂》，以及宋国的宗
庙歌——《商颂》，三颂合计四十篇。十五国风不一定依照春秋
列国的国名，如殷的旧王畿邶、鄘、卫，晋的古名唐，周起初
的根据地豳，周公的领地周南、召公的领地召南等，冠以地方
名称似乎是重视各个地域传承的意思。

这些古代歌谣所歌咏的生活习俗，不用说当然是丰富的民
俗资料；而这种歌谣的产生之后，也相应具有能在社会上发挥
作用的场景，这又成为民俗事实。因此，作为《诗经》的解释
学方法，民俗学的视角最为重要，这一点几乎应当说是不言自
明的；但这一点直到今天仍然没有得到充分理解，实在令人不
解。拒绝进行这种研究，大约是由于中国的经学传统，以及在
这个传统之上的权威主义的傲慢吧。所以，诗经学的展开经常
是与革新经学、否定权威主义互为表里的。

譬如，唐末五代之乱后，北宋一扫中世遗制，这是近世性

---

① 指《日本书纪》和《古事记》。——译注

的都市自由思想稍许产生的时期。北宋欧阳修写有《诗本义》十五卷，怀疑《毛传》传说性的解释；南宋朱熹则著有《诗集传》二十卷，试图对旧诗经学反乎性情自然的解释进行某种订正。可是就连这类微小的、谨慎的修正，清代的《四库全书总目提要》（卷十五，《诗本义》条）也以敕撰书的权威指出："自唐以来，说诗者莫敢议毛、郑。虽老师宿儒，亦谨守小序（附于《毛传》各篇的序，传说性的解释颇多）。至宋而新义日增，旧说几废。推原所始，实发于修（欧阳修）。"清代的《诗经》研究一心一意复归毛、郑的训诂学，以拥护它为目的。然而，从这种立场出发，新诗经学的展开当然没有什么指望。

葛兰言的方法

中国的学术近代化大致上都是由外国研究者着其先鞭。例如在《尚书》的新研究方面，马伯乐的《书经中的神话》（1924年；冯沅君译，民国二十八年，1939 年），以西方的神话学和古典研究方法，把《尚书》各篇中所包含的古代神话成为圣典的形成过程出色地加以分析，使中国有心的研究者们惊叹不已。但即使如此，以古典学方法研究《尚书》的方法论的自觉，仍然不能说是充分的。

《诗经》的近代式的研究也同《尚书》一样，是由法国统治越南时期的学术调查机关远东学院的研究者开始的。葛兰言的《中国古代的祭祀与歌谣》（1919 年；内田智雄译，昭和十三年，1938 年）便是此类。他的方法是把越南等东南亚国家目前仍然流行的歌舞和祭祀的社会学解释方法应用于同样以歌舞和祭祀为主题的《诗经·国风》各篇的解释。在这类歌谣中，恋爱诗居多。恋爱诗被分为田园、村落、山川的各个季节性的主题，季节性的祭祀又按圣地、竞赛等范畴加以整理。在它的社会学性质的研究上，形成一些可以说是原则性的意见，兹录其一二如下：

> 构成《国风》大部分的恋爱诗，是从民谣的古老积蓄中提取出来的，这种歌谣是根据传统的即席吟唱竞赛时所构思的诗歌主题写成的。所谓即席吟唱竞赛，即当古代农村举行季节庆祝活动时，青年男女为竞赛而争相发起的交互合唱。（日译本，第三百一十页）

> 假使庶民的作品本来没有保存多少神圣东西的话，这种庶民作品在古代被编辑起来的理由就几乎难以说明。这些作品（注：指宫廷所收集的民间歌谣）多数与结婚仪礼结合而被保留下来。（同上书，第三百二十二页）

据原注，作为"与结婚仪礼结合而被保留下来"的例子，举出了《周南》的《关雎》，《召南》的《草虫》和《采蘩》三篇。据旧说，这些诗篇又与《召南》的《采蘋》一起，作为新妇出嫁要在第三个月的奠采而祭祀祖庙礼节之后才算完成结婚的礼法根据，而葛兰言对这种说法似乎十分关心。

现在从原注所举四篇之中选择《召南·草虫》一篇，看看他的学说吧。首先录《草虫》原诗如下：

喓喓草虫，趯趯阜螽。

未见君子，忧心忡忡。

亦既见止，亦既觏止，我心则降。　　第一节

陟彼南山，言采其蕨。

未见君子，忧心惙惙。

亦既见止，亦既觏止，我心则说。　　第二节

陟彼南山，言采其薇。

未见君子，我心伤悲。

亦既见止，亦既觏止，我心则夷。　　第三节

"喓喓"是表示草虫叫声的描写补助词，即拟声词。"趯趯"是阜螽跳跃式前进的方法。《郑笺》中说，草虫和阜螽具有异种同类互相追随的特性，用以表现族外婚制下男女相求的样子。描述这些虫子的状态，给人以希求种类繁殖的愿望和具有咒禁性质的印象。"忡忡"和"惙惙"是心情忧伤的样子。"觏"使人联想到性的方面。葛兰言加上这些补注之后写道：

诸君会发现郑玄一面在螽的聚集中看到关于性的祭礼的表象，一面又相信结婚应当在春天进行。然而，螽鸣是秋天结束的表示，这一点他自己也承认……所谓郑玄不知秋天男女祭礼存在之佐证一点也没有。（同上书，第一百六十七页）

　　这说明他无论如何也要给这首诗以祭礼方面的背景。他还为这首诗归纳出如下的提纲："高原漫步——禽兽之爱——采草——恋爱之苦恼——及其满足的主题。"

　　这首诗并非如葛兰言所说是表现秋天祭礼的，从第二、三节采蕨、采薇都是春天的事也就一目了然。另外，他似乎把采草看成消除恋爱苦恼的行为，但这首诗的发想在于采草所具有的民俗意义，"未见"与"既见"相对的各节诗句是从采草的发想引导出来的，即采草具有预祝的意义。这首诗大约类似于我国歌咏游山、采草等风俗的作品吧。第一节关于性的联想的发想，也是这项活动所具有的一种特性。

兴的问题

　　葛兰言的诗篇研究大约给中国研究者留下了深刻的印象，但进一步发展他的方法，把诗经学提高到现代学术水平上来的工作到底没有出现。只有闻一多（1899—1946年）关于古代的神话和文学的研究多少尝试过民俗学的方法，如论证诗篇中的鱼是女性隐喻的《说鱼》（收入《神话与诗》），广泛地考察了民歌和少数民族的情歌等。同时，编辑《古典新义》中的《诗经新义》《诗经通义》，或者《诗选》中《风诗类钞》等，探索着新解释学的方向。在《风诗类钞》中，他规定自己的读书法是"社会学的"，而其笺注的方针则兼采考古学、民俗学、语言学的方法。《草虫》被收入《风诗类钞甲》，但没有加上特别值得注意的注释。通观《风诗类钞》全书，关于诗篇发想问题，似乎也没有予以特别的考虑。

关于诗篇的民俗学方面的研究，首先需要考察的是"兴"。作为发想法，兴自毛、郑的诗经学以来一直被当作问题，而且至今仍然没有弄清它的实质。在《草虫》一诗中，葛兰言未能把采草作为决定诗篇性质的发想来理解，这是他看错这首诗本质的重要原因。如果知道采草是为了与人相逢的预祝行为，那么将"未见"与"既见"对称起来的恋爱诗的构成便很容易理解。

在这个意义上，松本雅明氏以诗篇的发想法为主题，论述诗篇形成的《关于诗经诸篇形成的研究》（东洋文库，昭和三十三年，1955 年）可以称为划时代的著作。这个大部头著作据说出版时还省略掉不少，尤其是第七章批判葛兰言学说的几节全部删去，但它的整体可以说是建立在这个批判基础之上的。特别是第二章和第三章"兴的研究"，虽然是葛兰言避免从正面论述的问题，但著者的意图及其理解方法可以充分地由其中看出。

关于兴，毛、郑以来有过种种解释，以前举《草虫》为例，《毛传》以第一节开头四句为兴，即女子以礼暗示追随君子；《郑笺》似乎认为第二、三节开头两句也是起兴的发想，即以欲得到草暗示欲得到礼。

不言而喻，这种古老的诗经学的解释，没有理解古代歌谣的性质。松本氏则把这首诗解释为"晚秋蝗虫群飞的爱恋使少女等待的心情更加难过起来。第二、三节转为春季，南山采草是民谣式的变化，其本身没有意义"（第二百九十页）。它"是对来临者不安的期待"（第二百九十一页）。其中所歌咏的是"表现紧张的现实"（第二百九十页），没有任何暗示。"其本身没有意义"的表现，何以能够"表现紧张的现实"呢？这里存在着奇怪的矛盾。

这种解释方法起因于如何理解诗的发想法——兴。关于兴，他的规定如下：

> 兴本来不外乎是在主文之前的气氛象征。……它是由即兴、韵律、联想等引出主文的，不是繁杂的道理，而是直观性的、即兴性的，并且不外乎朴素自然的表现法。（第九百四十四页）

以"将其还原为最初的形态而拂去两千五百年诗解之蒙昧"的原则来论证，据说是这本书的目的。

兴的表现之构成法，大致上是即兴式的，是韵律的反复。"此外是在意思方面，借风物而起兴，其后则象征主题的含义。于是，A句本身是赋，与B句相对时则担任兴的任务。因此，兴大约是由于眼前风物引起我们的心情发生某种感动而得名的吧？"（第三十五页）这是松本的气氛象征说的根据。

但所谓即兴式的，是从葛兰言的竞赛和争相对歌说引申出来的。而把发想与主题以同样韵律表现的诗，如《周南·汉广》"南有乔木，不可休思。汉有游女，不可求思"的形式作为兴，则来源于朱子的兴说。朱子把实事实景作为托兴之辞的，称为取义之兴，把仅仅采取上下对应形式的，称为不取义之兴，若在他的取义之兴中加上气氛象征的说明，把他的不取义之兴规定为韵律的反复，这样就变成了松本说。

关于兴的发想本质，我曾经写过《兴的研究》（昭和三十七年，1962年），该书与在它之前发表的正篇——《诗经研究》的《通论篇》及《解释篇》一起少量油印，由于部头较大，至今尚未获得出版机会。因此，仅在《诗经》（中公新书，昭和四十五年，1970年）上记有它的概要，其中也稍微涉及《诗经》与《万叶集》之间比较文学和比较民俗学方面的问题。

我想对历来在《诗经》修辞学上称为"兴"的发想法加以民俗学式的解释。我认为，这是将具有预祝、预占等意义的事实和行为作为发想来歌咏，以产生功效。具有这种机能的修辞法被称为兴是合适的。这不仅是修辞上的问题，而且更深地植根于古代人的自然观、原始宗教观之上，可以说一切民俗之源流均在这种发想形式之中。

（三）发想的问题

兴的原义

兴的发想法也可以称为咒的发想法。如果歌谣的原有性质是咒语式的东西，那么兴的发想法恰好与其原有性质相适应。从什么时候开始把这种发想法称为兴的还不清楚。另外，兴究竟有没有这种意义，也不得而知。

兴一般被解释为起兴的意思，引起感动的意思。唐《毛诗正义》引后汉郑司农说，认为"兴者，托事于物，则兴者起也。

取譬引类，起发己心。诗文诸举草木鸟兽，以见意者，皆兴辞也"。松本氏所谓"眼前风物引起我们的心情发生某种感动"（上引书，第三十五页）是它的现代性质的解释。

《说文·三上》训"兴（興）"为"起也""同力也"，大约是说明它的字形。似乎是把"同"看成协同的意思。但是，这个字的形体是在"同"的左右加"手"，下面再加两"手"，所以字的意思是前后围绕着把"同"捧着。这个"同"恐怕是《尚书·顾命》中的"同瑁"，是酒器。因此饮酒时，或用郁鬯（浸入香草的酒）清洗祭仪场时，即裸鬯之时，作为酒器使用。王国维的《同瑁说》（《观堂集林》卷一）有关于它的考证。

興的字形是捧起同瑁的形状。即行裸鬯之礼，清洗圣所，招请神灵所用之物。《礼记·乐记》中有"降兴上下之神"，即降天神、招地灵的意思。所谓"穷本知变，乐之情也。著诚去伪，礼之经也。礼乐偵天地之情，达神明之德，降兴上下之神"等语，是说明通过礼乐与神明交往的途径；而起地灵是灌地之礼，即用鬯酒灌注圣所的礼节，称之为兴。

《周礼》的"舞师"是掌管祭祀舞蹈的。其中规定：

> 舞师掌教兵舞，帅而舞山川之祭祀；教帔舞，帅而舞社稷之祭祀；教羽舞，帅而舞四方之祭祀；教皇舞，帅而舞旱暵（干旱）之事（祭祀）。凡野舞则皆教之，凡小祭祀则不兴舞。

所谓"小祭祀则不兴舞"，普通解释为在山川林泽等野外祭祀中表演舞蹈，在宫中举行的户神、灶神等日常祭祀中不表演舞蹈。但如果确是这样，说"不舞"足矣，没有必要说"兴舞"。因此，我认为这个"兴"应当解释为《礼记·乐记》"降兴上下之神"中"兴"的意思。在野外进行祭祀时，必须举行以酒灌注地灵、迎接地灵的礼仪。

"兴"是唤起地灵的行为。以"興"为要素的字还有"衅（釁）"。"釁"的上部是"興"，下面所加的"酉"是酒，再下面的"分"字是被酒浇灌者的侧身形，这是清净人体的礼节。

《说文·三上》把"衅"解释为"血祭也"，是因为在清净的仪礼中使用血牲。建筑物落成和制作器具时，举行这种仪礼。《孟子·梁惠王上》有堂下之牛的故事。王坐于堂上，露出非常关心堂下的样子，看见一头牛被牵过去，王问："这头牛牵到哪儿去？"答道："乐钟铸好了，拿它作衅礼用。"王说："那太可怜，饶了这头牛，换只羊好了。"对眼前的牛表示怜悯，但对别处的羊丝毫也不怜悯，这是作为一个不合条理的例子来举的。这类衅礼在《周礼》的"大祝""鬯人""鸡人""羊人""大司马"诸职，《礼记》的《杂记》，《左传》的僖公三十三年、成公三年、定公四年等处记载很多。

表现管仲和鲍叔牙友情的"管鲍之交"也是众所周知的故事。管仲奉公子纠亡命于鲁，鲁与公子纠的对头公子小白，即后来的齐桓公战斗而败，管仲被带回鲁。鲁庄公要杀管仲，但齐国使者请求说，桓公打算自己处治，希望不要杀他，将他引渡回齐。

于是庄公使束缚，以予齐使。齐使受之而退。

比至，三衅三浴之。桓公亲逆之于郊。

这都是鲍叔牙的计策。鲍叔牙自己引退而把管仲荐给桓公，齐最终成就霸业。

这个故事载于《国语·齐语》。三国时吴人韦昭注解"三衅"："以香涂身曰衅，亦或为薰。""三衅三浴"是收殓死者时，丧祝清洁尸体的方法。薰也就是薰尸的意思，为了避免尸臭所以涂香。像这样把管仲当作死者处理，是为了把曾是桓公的敌对者并当过俘虏的管仲，一度作为死者弃之，再作为新生者迎入齐国的仪礼。辅佐过越王勾践的范蠡亡命时，化名为鸱夷子皮，意思是被处死刑者，也与此相同，即通过死亡而被赋予新的生命。

兴也好，衅也好，都是为了呼唤神灵，赋予新的生命的仪礼。古代歌谣的本质大致上也是振魂、安魂的咒歌。它的发想法被称为兴，应当说正适合于呼唤神灵并要求与神灵交涉的古代咒歌的应有状态。

谚语与枕词①

有节律的语言，因其节律而成咒语，也就是谚语（コトワザ）。"ワザ"是叙述特定的行为和样子、事物的存在状态的词汇，其中有关妖祥②的称为"ワザハヒ"（ワザワイ）。"谚语"

---

① 日语的枕词是指冠在歌文词句前的修饰语。——译注
② 指吉凶之征兆。——译注

有的与风土方面的东西相结合，如《常陆国风土记》中有：

> 国俗之谚："筑波岳黑云挂，衣袖渍国。"此即是也。
> 国俗之谚："白远新治之国。"

这类枕词型的谚语颇多。

"谚"是形声字，是后来造的。这个字古时是"衙"字，或者去掉"言"换上媚女之形的字是本来的吧。"衙"在《说文·二下》里解释为"行且卖也"，即所谓"衙卖"，诳骗人的意思，也有人主张"卖"是"賣"字之误。

"衙"指在路上所进行的蛊惑人的言行。《楚辞·天问》涉及许多神话和古代传说，其中有"妖夫曳衙，何号于市"的诗句。"衙"与"衙"同样是指神灵附体的狂夫，满口泄漏神谕，同时在人群聚集的闹市狂舞。这就是所谓谣。谣中的预言称为谣谶，童谣从前也被视为谣谶。

"国俗之谚"附在地名之前作为枕词，是为了使人了解到，这是要唤起地灵，进行与灵的交涉。枕词大约首先是在与地灵的交涉中形成的吧。通观柳田的全部著作，一条也未涉及枕词的起源及其机能。但是，折口在其著作多处论述这个问题，二者构成鲜明的对照。兹摘录折口的起源说一二如下：

> 《常陆国风土记》的风俗谚是意义受到局限的、最富有地方色彩的惯用固定词。可称为所谓枕词、序歌，成为祖传型的词，是有关当地的古语。……附在各地的灵被认为

寓于词章的这一部分。从表面来看似乎仅仅是赞词，就内容而言则是国魂之寓所。枕是灵魂之寓居。颇晚出现的枕词这个术语，也仍然显示出古人的信仰。

　　表述常陆国名本缘的长句，大约相当于后来的序歌。至"筑波岳黑云挂，衣袖"为止，是发起"渍"①之名的序歌系统的古代惯用词。与此同时，也可以看成是地名之赞与枕词，还可以窥见表示其地名本缘的形态。"白远"与"荐枕多珂之国"的"荐枕"也都不仅是从词到词的联络，可以使人感到以本缘谭联系起来的旧影风貌。（《折口信夫全集》第七卷的《词章的传承》）

据说枕词和序词便是作为地名本缘而关联地灵的语言。于是，用枕词性的修饰语称呼该地，也能成为歌颂地灵、安抚地灵的方法。而兴的方式虽无特定，但也表现出在圣地灌酒、唤起地灵、与地灵交涉的方法。这两者本质上无异，都以极其古老的、咒术式的自然观为背景。

　　在我国，作为国魂发展起来的关于各个具体的地名和山川的地赞美、国赞美②的形式，如枕词那样产生了与地域和对象固定结合起来的特殊修辞。而在中国，则是从被称为兴的灌地仪礼中，以在当时意味着唤起地灵之表现的形式流传下来。因此，兴一般作为对这些对象的赞语，并由赞颂而感受其对象具有的

---

① "渍"与"常陆"的日语发音相同。——编注
② 日本古代咒仪，以祝词的形式歌咏、赞颂地方或国土，所作之歌称为地赞美之歌或国赞美之歌。——编注

咒术力量。由于把它作为发想，所以便能把对象本身的力量化为自己的力量，使之内在化。这就构成兴之起源的本质。

枕词与特定的地名相结合，是因为它的发语者是神，它的词章是神授之物。"在词章中欲以神的力量圈禁精灵或有威力的灵魂——这表现了古代人对有威力的神灵抱有深厚信赖"（同上书）——这种关于枕词本质的论述，可以直接适用于解释兴的发想之起源。

安抚地灵

古代的道路作为与外界相通的最危险之处，是如何让古人感到恐惧的呢？从有关道路的古代文字构造也可以有所了解。"道"是携带异族之首级，由之引导开辟的意思；"途"是表示立咒针于地，以防邪魔由此侵入的咒仪；"術"则意味着在道路上用有咒灵的兽所施的咒术。这些我已在《中国古代文化》第六章第三节"关于道术"中略作说明。因而，出发旅行时，要举起氏族的旗帜，在它的保护灵之下，才能离开氏族所居住的原籍之地，到别的地方去。

据殷卜辞，王出行赴外地时，在进入该地之前要占卜可以进入的月份日期，每逢渡河时要预先占卜安否吉凶，然后方可行动。

卜文　入于商

　　甲申卜，㱿（贞人名）贞："王于八月入于商？"

　　乙未卜，争（贞人名）贞："翌庚子，王步？"

　　丁丑卜，㱿贞："王征步？"

　　参照"贞：王步自"、"丙申卜，王步，丁酉肜日（祖祭之名）？"等例，"王步"是为了在圣地举行祭礼之类，"步"似乎也成为举行仪礼的条件。涉水时也要占卜：

　　辛卯卜，争贞："翌甲午，王涉归？"

　　"王勿涉兽（狩），（神）若（诺）？"

　　"于庚子，王涉，若？"

即使涉水伴随着一定的危险，步行也不会有特别的危险。把步行作为问卜的对象，大概因为步行是作为对举行仪礼之地的地灵表示敬意的行为和安魂的礼节，在祭神的意义上要求这样做吧。

卜文　王涉

　　《尚书·召诰》被认为是周初文献传承下来的。其中写道：

　　乙未，王朝步自周（宗周，今之西安），则至于丰（当时之神都）。惟太保（召公）先周公相宅。……戊申，太保（召公）朝至于洛（成周，今之洛阳），卜宅。厥既得卜，则经营。

这大概说的是在三都的神庙和宫殿举行向祖灵告慰王业成就的祭祀，或是营建发布政令的会场。

西周早期金文令彝的内容是，周公之子明保（圣职官名）到成周举行始政式。其中写道：

> 隹十月，月吉（初吉，月的第一周）癸未，明公朝至于成周，征（出）命。

这也是说明公早晨到会场去。

这些都采用"朝至……"的形式，而所谓"至"肯定是步行而至吧。"步"（见图①）是左右两个足迹叠加的样子，"涉"（见图②）是涉水，"陟"是登神梯的意思。这个"步"不仅是指"步行"的肉体动作。例如，金文称孝子为顺子，"顺"（见图③）由"涉"和"页"组成，表示涉水的行为似乎与追思父母的仪礼有关系。"步""涉"是具有仪礼意义的行为，这在字的形象上也有所体现。

足直接接触地面，便有可能与地灵交涉。于是，如这个词具有节律一样，足的运动也成为舞蹈性质的。我国所谓反闭[①]的

形式与之相当。这是舞蹈的起源。再加上"灌地礼",就成为《周礼·舞师》所说的"兴舞"。我国阴阳道所传的反闭也有类似情况,《行幸反闭作法图》(《续群书类从》卷九百零九)中有酒五升、生牛乳五升作为散供使用的例子。

对地灵的咒仪方法多种多样,兴舞之外,采草、旅宿等也是接近它的方法。对旅行者来说,国赞美、地赞美是最重要的咒仪。譬如,在山道的最高处,必定要向神灵献钱。

> 周防盘国山,道路荒烟蔓,
> 越过此山时,纸钱多贡献。　卷四,五六七

> 旅途真可畏,莫告家中人,
> 越路关山立,高呼唤妹名。　卷十五,三七三〇

前一首是天平二年(730年)庚午夏六月,大伴旅人在太宰府患疮病,庶弟稻公与侄子胡麻吕为受遗言从京城乘驿马来慰问,旅人病愈后,使者回京时的送别歌。后一首约是天平十一二年,中臣宅守流放北越时,"上道作歌"四首之一。"旅途真可畏,莫告家中人",契冲的《万叶代匠记》解释为"恐惧救命"。远离而呼其名,可以解释为担心其魂成为游离魂而四处飘荡。"山道的最高处"①可以认为是内与外的分界处。

如果不了解古代人关于地灵和道路的这类观念以及随之产

———————————
① 此处及两段诗文中的日语用词为"手向け",一般指在山道最高处对道祖神的拜祭,也引申为山道最高处。——编注

生的种种咒仪上的风俗，就很难把握枕词的起源和机能，以及古代羁旅歌的咒语性质。以上两首都是天平时期的作品，属于《万叶集》的后期诗歌，但是仍然可以看到古俗的遗留。《万叶集》的前期诗歌，较之后期士大夫咏怀述志的诗歌，传统的、口传文学的色彩要浓厚得多。田口益人任上野守是在和铜元年（708 年）三月，第二年十一月转任右兵卫率，在任不足二年。益人赴任东国时，在旅途中所作的歌被保存下来。

> 庐原清见埼，三保浦宽矣，
> 见此广胸襟，忧思无处起。　卷三，二九六

> 昼见田儿浦，良辰不尽欢，
> 大王途限急，只得夜来看。　卷三，二九七

这两首普通解释为羁旅歌，是抒发旅情的。通过清见埼，大约是在那天早晨，心情还很舒畅的时候。可是到达田儿浦时，已经是在夜间，没有什么可看的景致了。关于第二首，斋藤茂吉的《万叶秀歌》上卷写道：

> 如上所述，这首歌是据实歌咏的，但直到现在每读这首歌总会感到某种不可思议的东西。在"只得夜来看"一句中的"夜"，给人以特殊的感觉。作者仅仅是照实描述了"田儿浦之夜"，即使如此，当夜所受到的感动或许也传达给我们这些后代人了。

所谓"夜来看的感动"是怎样的感动呢？茂吉是好感动的。在第一首的"见此广胸襟，忧思无处起"里，也并不是以实感表现特别的感动。到了"大王途限急，只得夜来看"，实在是一种自我解释的唱法，当然不应是对夜景产生的感动之类。

第一首面对明亮的三保浦，表示无条件的陶醉——"忧思无处起"，作为对地灵的赞颂来说是十分合适的，第二首按道理说也应当在明亮的时刻欣赏它的明媚风光，向田儿浦的国魂献上赞歌，但由于定下日程夜间通过，作者只得说明缘故，请求宽宥。"见而不尽欢"是赞颂地灵的常用语，我在《初期万叶论》第四章中有比较详细的论述。

总之，以上两首是献给各自的国魂，祝愿旅途平安的仪礼咒歌，并非寄托难以遏止的旅情的羁旅歌。这与相传为《人麻吕歌集》中的《当所诵咏古歌》（卷十五，三六〇二至三六一一）在海上险处必定要献咏是同样的。

《万叶集》初期的羁旅歌及其延长线上的写景歌，在本质上几乎都是这样的咒歌。在《诗经》中，具有这种发想与表现的也颇多。《万叶集》的民俗学研究是重要的，同样在《诗经》方面也可以考察《诗经》民俗学这个领域。兴的研究在这个领域之内也应当成为中心课题。

第三章

言灵的思想

（一）关于祈祷

神的语言

"祈祷（いのる）"一语的汉字对应，以"祷"字或"祈"字见于"其可祷之方"（《日本书纪·神代上》），"天地各神祇，吾将献祷辞"（《万叶集》卷十三，三二八七），"凭妙见菩萨祈愿"（《日本灵异记》上，第三十四篇）。另外，《万叶集》有如下的用字法：

泣泽女神社，曾来献酒筵，
虽然祈祷后，皇子亦升天。　卷二，二〇二

海上诸神众，斋祈向何方，[①]
使君来往便，才得速行船。　卷九，一七八四

---

① 为与上下文关键词相统一，本句对杨烈译文有改动。——编注

可是如果"祈祷（いのる）"出自"告（のる）"的话，"告"字更近于原义吧。在我国，"のる"在多数场合对应"宣"字，这是因为把"のる"看成神的宣告的意思。但"のる"指一切神圣的语言，也就是具有咒力的发言。因此，如念诵祝词向神祈祷时，或者传达神谕时，都可以用"告"字表示。

　　街头曾问卜，占辞作告答，①
　　今夜君来否，待君到几时。　　卷十一，二六一三

这是占卜的神谕，指神的语言。不过，"告"字的原义是对神祷告的语言，如卜辞中诉诸祷告的"贞：有疾，告于羌甲（祖王之名）?"，"告于河，若（诺）?"，"贞：告于唐？贞：告舌方于上甲？贞：告于河?"，等等。

卜文

　　《说文·二上》对"告（告）"未加训义，字形说明是"牛触人，角箸横木，所以告人也"。牛要诉说什么，便用角上的横木来拱人。这种奇异的说明就连对《说文》极忠实的祖述者段玉裁似乎也感到为难，因为牛和人的口很难合为一体，所以改称"牛"是声符，将《说文》的会意说变为形声说。

---

① 　为与上下文关键词相统一，本句对杨烈译文有改动。——编注

　　但是，"牛"与"告"的发音并不相同，另据甲骨文和金文字形来看，"告"（见图①）的上部显然不是"牛"（见图②），而是在树枝上系着东西的形状。下部的"凵"如果是系在树枝上的东西，就不会是口耳的"口"。它肯定是能系在树上的小箱子之类的东西。其中应当装着祷告文。用我国的例子来说，"告"可以看作挂在榊^①上的致神呈文。我国没有文字时，有"深山有神树，枝上木棉生，采棉洁酒器，掘地置酒盆，青丝穿玉珠，悬珠竹上存"（《万叶集》卷三，三七九）那样，在神树上放置许多咒物；之后也有系上书信来通消息的，所以产生如下诗歌：

> 吉野美松枝，持来殊可爱，
>
> 为何爱此枝，上有君言在。　卷二，一一三

　　"凵"是装入祝词的"祝告之器"，此说是由我首次提出的，据此可以解释一系列的字，但似乎尚未得到公认。我在《说文新义》（十五卷，昭和四十四至四十九年，1969—1974年）中展开了这个学说，大体上改变了《说文》的旧说。"凵"一向被解释为口耳的"口"，但这种解释的难通之处仅由"告"这一个字就可以得到充分证明。而把"凵"解释为祝告之器，以这个形体为要素的数十个基本文字才能正确理解。而且，包含"凵"形的系列字，显示出如我国古代相信语言具有咒灵力量的言灵

---

① 日本寺庙等处常绿树之总称，被认为是神树。——译注

思想也大量存在中国古代。在这种使用咒语的咒术性质语言观以及支持这种语言观的泛神论式自然观之下，文字的形象也浓厚地反映出这一观念。

"兄"如其字形所表示的那样，是手持祝词参与祭祀的人，它的职能化则是"祝"，在手捧祝告的"兄"之上，加上仿佛神气下降的形象是"兑"，"悦"和"脱"等是从"兑"分化出来的。这些已在《中国古代文化》第五章"巫祝的传统"中论述过了。这里举几个与言灵思想有关的字，看看古代文字所展示的世界吧。

神是无形的，不能被认识的。因之，只有奉献祝词，一心一意地念诵，才能招请。"召"是在"口"上加"人"形。它的显现形式是"昭"，显现后有时会"诏"告神意。"告"是"祈诉"，"诰"是"宣告"，即说出神的语言。"告"与"召"是和"诰"与"诏"对应的字。对于"召"，也有下面添加酒器或是台座形状的字形（见图③），这是表示降神之召的仪礼。

①　　②　　③

等待神意的姿态是"命"。这个字从前写作"令"，是头戴高礼冠，跪着静待神意示现的形状，后来加上"口"成为"命"。这是进行祈祷，接受神命的意思。"若"（见《中国古代文化》）和"敬"（同上书）的古字，起初也没有"口"，变成后来的字形才被加上"口"。这些都是表示祝告之器的形状。

祝告之器里装着写有祝词的文书，祝词大概已经被录为文字了。据说把祝词放进这个容器之中，便能不停发挥祈祷作用。在创造文字的契机之中，最重要的是使语言所具有的咒术机能固定化和永久化。作为语言，咒语既不可能占有时间，也不可能支配空间。但是，把它用文字表现并记载下来，它的咒能就不会断绝，并且能够支配所在的空间。而把它挂上神树，在神前高高举起，神就不得不经常注意它的祈祷。这就是"告"。

攻击与防御

言灵的信仰，作为万物有灵说之遗留，在原始宗教观念之中深厚地存在着，在古代社会以及未开化的民族之间广泛地流行着。言灵本来是神的语言，以神所发出的异样的声音表示。"言"是在"口"上加"辛"（针）形，表示自我诅盟的文字（见《中国古代文化》）。与之相对，神有时发出异样声音加以应答，表示神意。这就是"音"。"言"下方的"口"之中，表示有应答的东西。所谓言灵观念，大约起于把神的"声音"作为神灵的浮动吧。言灵在幽暗之中，是浮游的精灵式的东西。

> 十字街头去，乞灵卖卜人，
>
> 至今难见妹，告我是何因。 卷十一，二五〇六

关于这首歌，折口写道："与其说言灵在十字街头，不如说

十字街头是捉取言灵灵力的合适场所吧。每逢傍晚，各种精灵便出动。它们出现的场所即所谓十字街头。"（《折口信夫全集》第二十卷）

　　十字街头是市场所在地，所以有如下的歌：

　　　　椿灰染紫色，椿市畅游时，

　　　　十字街头上，相逢又是谁。　　卷十二，三一〇一

《楚辞·天问》的"妖夫曳衒，何号于市"也是表现在这种众人聚集之所会出现神灵附体者。言灵仿佛喜欢在这种地方浮游。

　　可是，"凵"中的祷告，由于藏在容器之内，不为人知地保存起来，所以具有机能。为了维护它的机能，必须保卫容器。于是，在"凵"上放置巨大的方形盾牌，加以保护。这就是"古"（见图④）。"古"是"固"的原字，长久维持机能曰"古"。如果敲打这个容器，使它破损时，则曰"故"（见图⑤）。"故"是事故的意思，是故意加上去的。

　　为了保护"凵"，有时加上"钺"的头部。这就是"吉"（见图⑥）。上部是表示"士"（见图⑦）的身份的礼器，也用作

说明"士"的身份的词。其大者是王的礼器，同时作"王"（见图⑧）字用。这些都是钺头形。另外，还有把"钺"的全形加在"凵"上的，这就是"咸"（见图⑨）。"吉"与"诘""结"属于同一系统，具有充满其中、使之安定的意思。"咸"指事情完结，牢固地封缄起来。通过把祷告牢固地封缄起来，祈祷的行为也就完成了。

所有这些以神圣兵器保卫祝告之器"凵"的，都是保护其祝祷机能，即防御的方法。"吾"后来用作第一人称代词，原来是保卫的意思，西周金文中，命令在王的身边护卫时，说"干吾（见图⑩）王身"。"干吾"又写作"攼敔"（见图⑪）。

有防御的方法是因为有与之相对的攻击的方法。当祝祷具有诅咒的性质时，这种祝祷是极其危险的，所以必须采取阻止和破坏其咒能的方法。犹如所有的防御手段都是一种象征的形式一般，这种阻止和破坏的方法也是象征的形式。例如，用长针刺穿"凵"，藏在其中的言灵游魂便会受害而死。"害"（见图⑫）字是用带把手的大针刺穿"凵"的形状。"舍"也有同样意象，这已经说过（见《中国古代文化》）。

比较重要的祝告之器，似乎有时收在带门的"匵"里。《尚书》有一篇题为《金縢》，叙述周武王伐殷后卧病不起时，周公暗中祈求成为他的替身，并把祷告的祝词放在匵，即金縢之器里。其时有人进谗言，说所装的是对武王的诅咒，所以周公遭到怀疑而被流放东国。后来打开金匵一看，发现那是周公暗中祈求由自身代替武王染疾的祷告，同时出现了种种表示周公至诚的奇瑞。这就是所谓金縢传说。"启（啓）"（见图⑬）

和"肇"（见图⑭）是指打开金匮的门，看里面的文书的动作。
"启"的意思是打开，"肇"的意思是第一次，合起来是第一次
打开文书的意思。看"凵"里的文书叫"曰"（见图⑮），"曰"
即"阅"，也就是看。其中所展示的内容依据神意，所以"曰"
就是指神的语言，相当于我国的"宣"或"告"。

⑫　　⑬　　⑭　　⑮

祝告之器因为有被针等物破坏而阻止其咒能的危险，所以
常常隐蔽起来，被隐藏或埋藏在将要发挥其咒能的场所。古代
的村落大多像马蹄形一般围住中央，四周筑起土墙，祝告之
器往往深藏在土墙的重要位置中，用树枝和土之类覆盖起来。
这就是"书"。"书（書）"（见图⑯）是为了保护村落，防
备邪灵从外界侵入，暗地埋藏的咒文或咒符。"曰"指祝词，
包含在字中的"者"（见图⑰）则指把它用土覆盖的"堵"
（墙垣）。

⑯　　　　⑰

《左传》哀公十五年有"书社五百"，《荀子·仲尼》有"书
社三百"等语。所谓书社，据说是指每一里二十五家立一社，
社里写上里中之人的名册（《左传》哀公十五年，服虔注）。不

过，"书"也许是指共同体的盟约。文书从前都与祭神有关，用于对神起誓等场合。

神的声音

中国早在公元前 1300 年代就已创立文字和使用文字。在中国，言灵思想也明显地保存在它的文字构造之中，文字的言灵机能可以说有时也被再生产。"曰"表示已经被文书化的东西。"音"是指神的"声音"，其他"曰"系的字都以文书作为文字的构成要素，大多表示对于文书的咒式仪礼。

"某"（见图 ⑱）字《说文·六上》解释为"酸果也"，即梅的果实，其字形为"甘"与"木"的会意字。段玉裁《说文解字注》认为"甘者，酸之母也"，意思是从甘味生酸味，但在金文的字形中，上部是"曰"。若是如此，这个字形应当是挂在榊上的祝告之器，是与"告"意象相似的字。

西周早期的禽簋，是周公之子、后封于鲁的伯禽东征时所作，其上有"周公某，禽祝"等语。"某"相当于后来的"谋"，指谋求神意。一切根据神意，以神意为媒介而采取的行动是"谋"，也是"禖"，或是"媒"。"禖"是祈求高禖授子，"媒"是灵媒，连通神与人。

"曰"是载书，如果是对神祈祷的文书，在所采取的行动中，"曰"当然会成为其仪礼的重要对象。因之，犹如对于"口"各有攻击和防御的方法一样，关于"曰"似乎也有这两方面的行为。

　　无论如何，首先需要降神仪式，而神的降临则称为"旨（诣）"（见图 ⑲ ）。是"曰"加上神灵降临形象的字，如果是着礼装迎接的人的形象，即"页"，则是"頴"（见图 ⑳ ）。这在后来变成形声字，写作"稽"，其中的"旨"是原来的字。所谓"稽首"，指低头迎接神灵的样子。

⑱　　　⑲　　　⑳

　　向神起誓协力时，双方把手放在这个"曰"上，发誓忠于友情。"朋友"二字，西周金文写作"倗䜌"。"倗"（见图 ㉑ ）是成串的贝，一串叫一朋。"䜌"（见图 ㉒ ）是在"曰"上放置各自的手，互相约定。原来指族内同年龄阶层的人，金文总称亲戚关系时为"倗䜌婚媾"。"倗䜌"指朋友又有血缘关系者，"婚媾"则指有通婚关系的。像"䜌"那样把手放在神圣的盟书上结成誓约的形式，基督教社会至今仍然可以看到。多数人建立协力关系称为"皆"。

　　"习（習）"在《说文·四上》中解释为鸟露出白色内羽不断练习飞翔的意思，但这个字也是在"曰"字上加"羽"的形象。用羽毛擦"曰"，即"摺"，是该字的原义。这大约是刺激咒能的动作吧。但过多反复反而成为亵渎神灵的行为，称之为"翫"，即所谓"翫弄"。

　　为了使"曰"之中的祈祷机能丧失，则加之以咒的方法。例如，"簪"在诅咒人时也用，我国也有"忌栉"之俗。把这个

"簪"放在"曰"上的是"瞀"，"簪"现在仍以这个字为要素。"旡"是它的象形字。"僭""憯""潜"等字都由"瞀"得声义。

为了使这个"曰"所造成的祈祷效果丧失，必须强制撬开它的盖子，露出它的内容，赶出封在其中的言灵。因此，把手放在它的上面，打开盖的形式称为"㕚"（见图㉓）。《说文·五上》解释为"象气出形"，意思是口气漏出，但没有这方面的用例。隐藏着的祈祷由于被打开而失去咒能。

此外，有时把容器浸入水中，使之丧失咒能；或者用脚踏它，也可以损害它的神威。"沓"和"踏"似乎是表示这类行为的字。

把"曰"放在表示死者残骸的"匃"（见图㉔）字旁边，也可以使这个死灵发挥咒能，这个字便是"曷"。"曷"在《说文·五上》中解释为"何也"，是表示死灵愤怒的字。以其威灵"喝"（呵斥）、"愒"（吓唬人），来"遏"止诅咒，"喝""愒""遏"都属于这个系统。"匃"是死者残骨相倚的形状，这种死灵据说具有特别强大的咒力。因此，称强烈而迫切的追求为"匃"。金文中常有"匃眉寿永命"之类的话。"曷"有以呵责相求的意思，所以也用于表达"何也""何故"等严厉语气。

深入探索"曰"的字系，就会发现言灵思想即使在进入文字时代之后，其咒仪形式仍然保留在文字构造之中。而残留在这类文字构造之中的那些当时的咒仪，恐怕在很长时间内仍然

作为民俗传承广泛流行吧。

古代歌谣——诗篇的产生，当在这种咒仪作为民俗仍然流行、言灵思想仍然广泛存在的时代。因此，正如兴的发想那样，咒的发想和表现支配着这些歌谣。在这个意义上说，《万叶集》的初期作品也是在相似的咒语世界里产生的。古代歌谣的本质，可以说就在这种咒歌性质之中。

（二）兴的发想之展开

诗篇与自然

通观诗篇全体，可以发现其中歌咏自然的诗句极少。若与《万叶集》加以对比，这一点尤其明显。这给从比较文学的角度研究两者的工作造成很大障碍。

不过，歌咏自然的作品少不仅限于《诗经》，其后的楚辞文学、汉魏乐府和古诗也无不如此。自然开始作为歌咏的对象是晋宋的陶渊明、谢灵运以后的事。从诗篇的时代算起，过了长达千年左右，写景诗始告形成。从这个意义上说，《万叶集》的所谓写景诗在文学发展上是颇为异常的。尤其是断定《万叶集》前期业已完成了写景诗，这种历来的欣赏态度必定是在某些地方存在很大误解。

诗篇所歌咏的自然形象，大体上都是非常定型的。

溱与洧，方涣涣兮。 《郑风·溱洧》

扬之水，白石凿凿。 《唐风·扬之水》

秩秩斯干，幽幽南山。 《小雅·斯干》

节彼南山，维石岩岩。 《小雅·节南山》

瞻彼洛矣，维水泱泱。 《小雅·瞻彼洛矣》

瞻彼旱麓，榛楛济济。 《大雅·旱麓》

江汉浮浮，武夫滔滔。 《大雅·江汉》

这些都是第一节的开头两句，下文往往与此毫无接续关系地进入主题。例如《溱洧》是在溱、洧二水合流处所举行的对歌，接下去是"士与女，方秉蕑兮"，再以下则继之以男女对唱的形式。上两句描写对歌所在的水边，具有背景的意义；同时又和下两句具有同样对应的形式，是韵律对应的兴。所谓形式的对应，如"江汉浮浮，武夫滔滔"，第一、二句采取形式上的对应，而且江汉水势盛大的样子也成为对奔赴战场的武士的预祝。

《扬之水》与我国所谓"水绳"，即流放柴和绳等进行"水占"的风俗相同。

扬之水，白石凿凿。

素衣朱襮，从子于沃。

既见君子，云何不乐。　第一节

这是写激扬的溪水把投入的束薪顺流冲去，未被岩石阻碍，表示预祝得以实现，因此也能见到素衣朱襮的恋人。另外，含"扬之水，不流束薪"一句的诗，有《王风·扬之水》和《郑风·扬之水》。这些则构成别离、孤独的发想。由此可见，诗篇对自然的处理方法是极其类型化的，具有一定的发想机能。在这个意义上，可以说是枕词或序词性质的东西。

　　它的诗句构造，有的如"秩秩斯干，幽幽南山"那样，将形容词放在前面；有的如"江汉浮浮"那样，将状态词放在后面；还有的如"瞻彼洛矣，维水泱泱""瞻彼旱麓，榛楛济济"那样，采用"瞻彼……"的形式。"瞻彼……"近似我国的国见之歌[①]。如：

　　望千叶葛野，见千百家庭，见国之精华。　《古事记·应神天皇》

其中的"望"是国赞美的行为，同时也是对农耕的预祝。

　　在诗篇的"瞻彼……"形式被定型化很久以前，所谓"瞻"可以说是与其对象具有生命联系的交涉行为。把它放在诗句里

———————————

① 国见，指古代日本天皇登上高处，眺望国家的地势、景色和人民的生活状态，其时所作之歌称为国见之歌。——编注

加以歌咏，则成为山川的赞歌，被当作兴的预祝，具有振魂的
意义。现在诗篇保留下来的，毋宁说近似它的退化形式。

在我国，如对歌之类歌咏圣地的作品广为流行，留下许多
优秀作品。例如：

> 痛足河中水，翻腾白浪高，
> 斋槻山岳上，云海起波涛。　卷七，一〇八七

> 山河湍急处，流水响声高，
> 弓月山头上，云兴似海涛。　卷七，一〇八八

> 卷向桧原山，大名闻已久，
> 只今得见来，山上复何有。　卷七，一〇九二

> 遥望三轮山，群峰连浩浩，
> 远看卷向山，相继何其好。　卷七，一〇九三

> 卷向有河水，名为痛足川，
> 水流无断绝，去后又回旋。　卷七，一一〇〇

> 流水响淙潺，流经卷向山，
> 人间如水沫，吾亦在人间。　卷七，一二六九

> 晚来西向望，春日已添长，

　　　　弓月山头上，春霞绕四方。　　卷十，一八一六

　　　　卷向桧原上，天空尚未云，
　　　　小松松树顶，已是雪纷纷。　　卷十，二三一四

　　这些"卷向歌群"①之歌，都收入《人麻吕歌集》，是人麻吕歌咏自然的佳作，作为写景歌让鉴赏家赞叹不已。但这些都是对卷向山河的赞歌，可以视为农耕预祝歌。

　　在言灵思想的丰富传统之中，我国产生了这种山川赞歌，羁旅时也以同样的敬虔歌咏地赞美、国赞美之歌。但对于诗篇时代的人们来说，它已经作为一种发想形式，不过保留其类型而已。

定型与反兴

　　诗篇开头歌咏山川，本来是为了赞颂山川，作为振魂式的发想的。《小雅·斯干》是祝室歌，即祝贺新室落成之歌。举其第一节如下：

　　　　秩秩斯干，幽幽南山。
　　　　如竹苞矣，如松茂矣。
　　　　兄及弟矣，式相好矣，无相犹矣。

----

① 此处提到的卷向，也写作缠向，指奈良盆地东南部、三轮山一带的地名。从万叶时代开始，卷向山与卷向川就作为和歌中经常吟咏的地方而闻名。该地区有很多值得关注的遗迹，其中包括缠向古坟群。——编注

清澈的山涧水流，幽深的南山山势，这两句与其说是描绘新室营建地区的景致，不如说是赞颂地灵、表示预祝的意思。这从下文比喻式地叙述竹丛的美丽茂盛和松树的繁密也可以明白。于是，祝愿兄弟和睦的新生活从此开始。这与上面所举的《旱麓》第一节，旱山之麓所生长的繁茂树木的样子直接成为"岂弟君子"的祝颂是同样的。《旱麓》第一节如下：

> 瞻彼旱麓，榛楛济济。
> 岂弟君子，干禄岂弟。

其中所歌咏的是所谓"瞻"这种预祝行为的表现，而"瞻"则是与对象同化，把对象内在化的方法。《万叶集》里有"望""望见"之类表现的作品很多，大体上都属于振魂、安魂歌。如：

> 行过稻日野，思念已难忘，
> 可古岛边望，中心恋岛旁。　卷三，二五三

> 悠悠行远路，恋恋此归来，
> 明石门前望，大和眼底回。　卷三，二五五

这是人麻吕羁旅歌八首中的两首。"中心恋岛旁""恋恋此归来"是对地灵景仰的表白，"大和眼底回""可古岛边望"是作为振魂行为而歌咏的。"行过稻日野，思念已难忘"是因为在羁旅之中不能忘记对地灵表示尊敬之念。

　　诗篇中羁旅歌较少，地赞美的诗句也大多歌咏有关所在地所见到的东西。例如：

> 终南何有？有条有梅。
>
> 君子至止，锦衣狐裘。
>
> 颜如渥丹，其君也哉！　《秦风·终南》第一节

以问答的形式点出生长在终南山上的茂密的桐、楠。问答作为祝颂歌的形式，也常见于我国的古代歌谣。这两句也采用祝歌的发想方式。因此，继之所歌咏的是其祝颂对象——君子的姿态，即"身着锦衣、外披狐裘的君子，面色红润，仪表堂堂，大驾光临"。开头两句在意思上与下句并不连接，但描述自然的勃勃生机及其有秩序的形象，也就意味着献上祝颂。

　　这种祝歌的形式被破坏，逐渐变成类型化的东西，并脱离本来的祝颂诗而单独使用，在它的表现机能上也就发生了变化。于是，正文的事实不一定与起兴之辞相对应，甚至有时诱起相反的事实。姑且称之为"反兴"吧。如《郑风·山有扶苏》的第一节是：

> 山有扶苏，隰有荷华。
>
> 不见子都，乃见狂且。

山上长着桑树，池里荷花开放，这是存在的常态，表示秩序安定，所以本来属于祝颂之兴。既然如此，正文理应导出得到这

个所在而感到快乐如意的人；但"乃"是逆接词，戏弄期待落空的对象道："不是你那个温柔可爱的意中人，而是一个何等愚蠢的家伙啊。"这仍然属于对歌。"狂"又称"狂童"。《郑风·褰裳》第一节内容如下：

> 子惠思我，褰裳涉溱。
> 子不思我，岂无他人？狂童之狂也且！

这是以渡河为主题的歌谣。"岂无他人"是"并非没有别的男人"的意思，所以"狂童之狂也且"是对亲密的男人的嘲弄——"你这个愚蠢的家伙哟"。在对歌里，这种作品很多，我国也有类似的歌谣：

> 夫立对面峰，柔手取我手，
> 谁人之裂手，来取我之手。　《日本书纪·皇极天皇》

> 高滨之下风，嘈杂声不息，
> 恋妹欲言妻，丑乙女 ① 亦贱。　《常陆国风土记》

心里思念用柔软的手牵我手的人，然而却被一只粗暴的、满是皲裂的男人的手握住，与意想不到的对象携起手来。这是一首嘲弄的歌。第二首"丑乙女亦贱"是在对歌时不择对象的歌，

---

① 《日本国语大辞典》认为"丑乙女"词义不明。这句似乎可以解释为"丑陋、低贱的姑娘"。——译注

"高滨之下风，嘈杂声不息"是表现心理动摇、不安定的手法。

我国似乎没有"反兴"这种矛盾的发想形式。"兴"是具有预祝意味的发想，本来不会存在什么"反兴"。但在诗篇里有这种发想形式，其中的问题是，这与言灵思想之间有什么关联？

树木的兴

兴的发想作为祝颂与振魂之预祝式的表现，逐渐失去了它的原有性质，如"反兴"那样朝着与本来机能不同的方向转化，这应当说是言灵意识的衰退吧。

祝颂式的表现即便不至于变为"反兴"的特殊形式，也可以从其他方面追溯其言灵机能的丧失，例如变为比喻而逐渐形式化。

《召南·甘棠》，据《毛传》中该诗的小序说，是周初召公奭受领召地，教化通行，领民颂扬其德所作的歌；又据《郑笺》说，是召伯在甘棠树下，受理男女之间的诉讼，人们慕其德所作的歌。

> 蔽芾甘棠，勿翦勿伐，召伯所茇。
> 蔽芾甘棠，勿翦勿败，召伯所憩。
> 蔽芾甘棠，勿翦勿拜，召伯所说。

三节叠咏。茂盛的甘棠树恐怕被当作了神树吧。甘棠是梨属树木，参照《周礼》关于狱讼要在槐树或枣树等圣树下进行审理的记述，大约郑玄所谓受理男女诉讼说是正确的。而甘棠似乎会诱起对于性的联想。

把甘棠作为圣树加以赞颂，是因为它的树下是"召伯所茇""召伯所憩""召伯所说"。"茇"是草舍，所以是所谓"美草盈秋野，刈之作户蓬，令人怀想起，宇治有行宫"（《万叶集》卷一，七）中，旅途的临时宿处。如果依照旧说，召伯是召公奭，那么这首诗则是歌咏周初的人，但是召公奭必然称为召公；所谓召伯可能是西周宣王时期的召伯虎。这个人的名字在金文中也有，《诗经·大雅》的《江汉》《崧高》里也歌咏他。把"拜"解释为"拔"，在文献上仅此一例。而据金文的字形，"拜"（见图㉕）是拔草的姿势，拔草是振魂式的行为，这个姿势还用于面向神灵时。

㉕

"投宿"本来是指离开自家居所去旅行，接近外地神灵的行为。像"茇"那样铺草而眠，或在庙中铺席而卧，都具有与神灵交往的意义。赤人的歌"我来春野外，采堇染衣裳，野景堪留恋，终宵在徜徉"（《万叶集》卷八，一四二四）也是，若不知卧地而眠的意味，就不得要领了。

《万叶集》中与旅宿相关的，最礼节庄严的表现是人麻吕的"安骑野冬猎歌"（《万叶集》卷一，四五至四九）。长歌末尾几句是"暮宿雪纵横，安骑大野地，旗帐立如营，旅途今宿此，思古多幽情"。这次旅宿对即位前的文武天皇具有预演"天皇灵受灵"仪式的意义，而这项活动又是奉女帝持统天皇的命令进行的。我在《初期万叶论》第三章中有所论述。

甘棠是梨的一种，杜也是梨的一种。所以《毛传》说："甘棠，杜也。"作为发想来说，杜含有与甘棠同样的意味。诗篇中歌咏杜的三首都具有孤独悲哀的主题，即反兴式的发想。

先看《唐风·杕杜》吧：

> 有杕之杜，其叶湑湑。
>
> 独行踽踽，岂无他人？不如我同父。
>
> 嗟行之人，胡不比焉？
>
> 人无兄弟，胡不佽焉？　第一节

"杕"指如杉树一般单独耸立的树木。"杜"归类为梨属。它的叶子湑湑茂密，本来应是祝颂之兴。如《小雅·采菽》的第四节：

> 维柞之枝，其叶蓬蓬。
>
> 乐只君子，殿天子之邦。
>
> 乐只君子，万福攸同。
>
> 平平左右，亦是率从。

与祝颂君子的主题联系在一起。但在《杕杜》这首诗里，则是描绘出踽踽独行、无依无靠者的发想。本来属于祝颂式的树木之兴，但在这里成为比喻独行的发想，转化为悲哀的反兴。这首诗具有社会诗的内容。这个独行者并不是身边没有他人，但都不及同族的人。自己还是没有同族的孤独之身。"有杕之杜"成为引起他的孤独的发想物。

《唐风》里还有一首《有杕之杜》，第二节如下：

> 有杕之杜，生于道周。
> 彼君子兮，噬肯来游？
> 中心好之，曷饮食之？

《杕杜》开头两句是孤独之兴，这一节起头两句也是孤独之兴。这是悲叹孤独的女子引诱人的诗——"您不来玩吗"。所谓"对真心所爱的人，要献上珍肴美味啊"，不用说当然是恋爱诗隐语式的表现。在这里，杕杜之兴成为几乎接近俗谣的东西。《甘棠》里有性的联想，而杕杜之兴则保留了其堕落而变质的状态。

《小雅》也有一首《杕杜》，是社会诗，其第二节内容是：

> 有杕之杜，其叶萋萋。
> 王事靡盬，我心伤悲。
> 卉木萋止，女心悲止，征夫归止。

起头两句从形态上说是祝颂诗，但也被用作孤独悲伤的兴。像防人①一样，这个征夫不得已奉王命正在奔波辛劳。草木繁茂通

---

① 日本古代被派往边防服役的人。——译注

常是喜悦的发想，但在这里引出空守闺房的女子的哀叹。她的
悲伤又与征夫的心息息相通。

言灵由语言的吟咏而发生作用。当充满赞颂之情吟咏祝颂
之兴时，言灵才开始发挥作用。但是，当这种发想失掉正常的
对应，引出矛盾的事实时，言灵的灵活性已经丧失。它已被比
喻化。可以认为，比喻是兴的发想的堕落形式。

言灵是建立在自然及其表现的充分调和之上的。诗篇的时
代大致上相当于言灵思想大转换的时期。这与《万叶集》前期
充分保持咒歌传统，后期则急速衰退下去的事实近似。因为兴
的发想本来就是咒歌中的表现。

（三）巫祝的文学

咒诵文学

在诗篇里，《国风》诸篇尚有许多兴的发想。但《小雅》
《大雅》等贵族社会的诗歌之中，仪礼诗、飨宴诗、社会诗、政
治诗等与社会生活直接发生关系的作品较多，因而兴的发想很
少。兴的发想所具有的古代性质作为民俗成了国风的基础，但
在"二雅"政治性的、社会性的现实之中，这种言灵观念一开
始并不具备。不过，即使如此，当人们试图以诗歌的形式进行
政治性的、社会性的发言时，也会采取期待产生言灵式咒能的
表现方法。

譬如《小雅·何人斯》是诅咒人的诗，其第八节末句是："作此好歌，以极反侧。"反侧是背叛性的行为，对于背信行为"作此好歌"，是因为称诅咒对方的歌为"好歌"，具有赞颂言灵的意思。在《小雅·巷伯》里，因别人谗言而受到伤害的寺人（王的侍臣）孟子发出一连串的可怕诅咒：

> 彼谮人者，谁适与谋？
> 取彼谮人，投畀豺虎！
> 豺虎不食，投畀有北！
> 有北不受，投畀有昊！　第六节

然后在第七节以"寺人孟子，作为此诗。凡百君子，敬而听之"作结。《小雅·节南山》是十节六十四句的长篇，指责大师尹氏之失政，告诫国王。最后一节作者家父自出姓名：

> 家父作诵，以究王讻。
> 式讹尔心，以畜万邦。

这些"歌""诗""诵"都具有言灵式的咒语性质，在这里都用于诅咒的目的。

《周礼》的"大司乐"是掌管一国礼乐的，"死则以为乐祖，祭于瞽宗（古代教授礼乐的神圣机关）"，其职责是以乐德、乐语、乐舞教国子（贵族子弟），即所谓男子习艺所的最高负责人。

　　所谓"乐语"是指兴、道、讽、诵、言、语六者，这些可以视为咒语。"兴"是兴式的祝颂、预颂语，"道"是导，即接近"兴"的引导语。《周礼·瞽矇》中有"讽诵诗"等语，暗诵曰"讽"，稍加抑扬来读的曰"诵"。也有"不歌曰诵"（《国语·晋语》注）的说法，大约是指祝词那样的读法。所谓"言""语"，《大雅·公刘》叙述京城修建情景，有"于时言言，于时语语"等语句，可能是指国赞美、地赞美的语言，指安抚地灵的古仪。总之，兴、道、讽、诵、言、语都是为了进行预祝的咒语，是其语言方面的实践。

　　古代的兴的发想与诗篇时代同时告终。但是，用这种语言咒诵的传统，似乎由乐师、巫祝之徒传到后来，在巫祝文学及其系列的文学中，可以发现许多遗留。从古代巫祝的状况来说，巫祝文学也是以言灵式的东西为其本质的。

楚辞文学的展开

　　当春秋时期北方列国持续以领土国家进行激烈的对立和互相攻伐时，在南方新兴的楚国形成了异质的文化，它的文化具有浓厚的巫祝性质。从楚墓出土的文物中，有样子奇特的镇墓兽和画着异态神像的帛画等，其余习

楚墓镇墓兽

一直传到秦汉。马王
堆一号、三号墓的出
土物等，可以说是很
好的例证。楚辞文学
便是从这种楚国巫俗
的基础上产生的。

楚帛画神像

《天问》据说取材
于楚王陵墓壁画，中国古代神话传说几乎都被纳入其中。《九歌》是楚国王室进行祭祀的舞乐歌，即包括《东皇太一》（东方天神）、《云中君》（云神）、《湘君》、《湘夫人》（以上二者是湘水之神）、《大司命》、《少司命》（司寿命之神）、《东君》（月神）、《河伯》（河水之神）、《山鬼》（山怪）、《国殇》（战死者）、《礼魂》（送神曲）十一篇。

这些神不仅是楚地所固有的，也有从北方诸国传入的，"大司命""少司命"在齐国青铜器铭文中也有它们的名字，另外《史记·封禅书》所载晋巫祭祀的诸神里也可以看到"东君""云中""司命"的名字。大概是各地持有这些信仰的巫祝们在楚国巡游，或者在楚国开辟圣地，其后不久又传到它的宫廷了吧。这些祭祀歌谣具有舞乐式的结构，似乎是在宫廷演奏的，其歌词的修改者相传为屈原，大概也是基于某种传承的说法。我觉得这种情况类似《万叶集》（卷七、卷十）里高格调的卷向歌群，那些歌原来收入《人麻吕歌集》之中，相传为人麻吕所作。

《九歌》十一篇之末是《礼魂》，相当于送神曲。

成礼兮会鼓，传芭兮代舞，姱女倡兮容与。

春兰兮秋菊，长无绝兮终古。

"九"是圣数，在祭神的乐歌乐章里，如《九夏》（乐的大歌）、《九韶》（舜乐）之类，称"九"是其传统。

楚辞文学以《离骚》为代表。全篇由九十四节、三百七十五句组成。这首长诗从自报姓名起笔：

帝高阳之苗裔兮，朕皇考曰伯庸。

摄提贞于孟陬兮，惟庚寅吾以降。

皇览揆余于初度兮，肇锡余以嘉名。

名余曰正则兮，字余曰灵均。

自报姓名最初本是神表露自己名字的形式。灵均大概是巫祝的名字，相传为作者的屈原身为王族成员，大概是从中被定为出任此圣职的吧。

这首长诗所表现的大约是在楚怀王末年，楚国为了应付与列国的严重对立，准备放弃祭祀和政治的古老传统，保守的巫祝因而被拒绝参与政治，在集团组织陷于崩溃危机时，向神申诉并"辞别"。

㉖　　㉗

"辞（辭）"（见图 ㉖）是解乱线的意思，这种行为叫作
"嗣"（见图 ㉗）。楚辞的"辞"是诉诸神的讽诵文学。可歌唱
的大约是篇末"乱曰"的部分。"乱（亂）"也是与"辭""嗣"
同系统的字。

　　乱曰：已矣哉，国无人莫我知兮，又何怀乎故都！
　　既莫足与为美政兮，吾将从彭咸之所居。

彭咸又称巫彭、巫咸等，是古代的神巫，巫祝们以他为祖神和
守护灵。

　　《离骚》的这种形式使我想起我国《万叶集》中长歌、反
歌的形式。在人麻吕的长歌中，有像高市皇子之殡宫歌（《万
叶集》卷二，一九九）那样长达一百四十九句的长篇，不能当
作歌谣歌唱，恐怕属于讽诵的作品。只有反歌，如《日本书
纪·孝德天皇》造媛的两首挽歌，《日本书纪·齐明天皇》建王
的三首挽歌，采用歌唱的形式。在巫祝文学中，如祝词那样采
用讽诵形式的作品似乎很多。

　　楚国巫祝集团的衰落过程，在《九章》里也有所反映。由
各篇所歌咏的地方，可以看出这个集团被逐出京城，漂泊各地，
终至崩溃的过程。其中只有一首与这个集团的状况无关，那就
是《橘颂》，是歌咏橘子的。

　　后皇嘉树，橘徕服兮。受命不迁，生南国兮。
　　深固难徙，更壹志兮。绿叶素荣，纷其可喜兮。

　　曾枝剡棘，圆果抟兮。青黄杂糅，文章烂兮。

　　精色内白，类任道兮。纷缊宜修，姱而不丑兮。

如此这般继续歌咏橘树之优长，结尾写道：

　　年岁虽少，可师长兮。行比伯夷，置以为像兮。

赞颂此树可为道法之师。因此，称之为"颂"。《万叶集》中也
有葛城王等赐姓橘氏时的御制歌，是祝颂歌。

　　橘树实花叶，同枝并茂香，

　　秋霜虽下降，绿叶总经常。　　卷六，一〇九

　　"颂"本来是庙歌。"公"（见图㉘）指公廷，即举行仪礼
的宫庙前庭。"公"的口形部分是宫室，在其前庭设置区划，那
是进行仪礼的场所。"公宫"即宫庙，"页"是拜宫庙的人。因
之，称周的宗庙歌为"周颂"，是"颂"（见图㉙）的正确用法。
这里可能是把这个字用于祝颂之意。

　　　㉘　　　　　　　㉙

　　橘是南方的嘉树。称颂它的美德是以此表现其内在的美，
使之发生力量，所以是与地赞美、国赞美属于同样性质的。可

以称为振魂式的文学。但在修辞上外部描写较多，在这个意义上毋宁说更接近于所谓赋。

这样一首诗被加在《九章》之中，是因为"九"是圣数，意味着祭神歌，所以加入其中以便凑足篇数，同时也由于它是振魂性质的东西。在这首诗里，可以说与古代兴的发想具有同样目的的言灵式的表现，以赋的形式出现。

诗篇的修辞法一般分为赋、比、兴，但这三者的关系若从古代文学本质来看，莫如说是同一系统。这就是说，"兴"的发想在形式上原样不变却失去了兴的机能，在此基础上，从内在的有生命的关联转化为外在的比喻式的关系是"比"，而在表现上始终限于外在描写的则是"赋"。因而，"赋"也是言灵文学之一。这里还有一个所谓咏物诗的问题。《万叶集》的"咏山""咏花"和"寄物陈思"等，不仅是歌题的分类，仍然是由言灵文学的所谓"比""赋"的手法产生，属于古代文学的系谱。

"赋"这个字在家持任越中守时所作《二上山赋》（卷十七，三九八五）和会诸僚于秦伊美吉石竹之馆时所赋"百合花蔓"三首（卷十八，四〇八六至四〇八八）的题词上出现过；而《二上山赋》如吉野赞歌那样，属于歌颂地灵的歌，其中有"此因神功故，高贵多尊严，或因山灵故，见者欲无厌"等语。

赋的原有性质

辞的文学本是向神倾吐心情的，因而具有主情的倾向；而赋的文学则以外在描写为主，具有客观的倾向。在赋里，前汉司马相如的《子虚》《上林》，扬雄的《羽猎赋》等以畋猎为主题；还有后汉班固的《两都赋》，张衡的《二京赋》《南都赋》，晋左思的《三都赋》等所谓都邑赋。这些都以采用渲染描写的手法为特色。但这些作品的原有性质，恐怕仍然属于药猎①预祝和国赞美之歌吧。

相传为屈原弟子的宋玉有《风赋》，在《文选》卷十三中属于"物色"。所谓"物色"，指描写自然的形态，是"咏物"的一种。《风赋》写道，楚襄王游兰台宫，宋玉、景差等左右陪侍。这时飒然吹来一阵清风，王敞开衣襟说道："快哉此风。寡人所与庶人共者邪？"宋玉答道："此独大王之风耳。庶人安得而共之！"王问：怎么，风有贵贱高下之别吗？于是，宋玉叙述大王之风的样子如下：

> 夫风生于地，起于青蘋之末，侵淫溪谷，盛怒于土囊之口，缘泰山之阿，舞于松柏之下，飘忽淜滂，激飏熛怒，眈眈雷声，回穴错迕。

刮走石头，摇动树林，"眴焕粲烂，离散转移"，凌高城，入深宫，"徘徊于桂椒之间，翱翔于激水之上，将击芙蓉之精"，

---

① 五月五日出野采药草，或狩鹿，取其嫩角以为药用。——译注

终于徜徉中庭，北上玉堂，到达洞房罗帷，此"乃得为大王之风也"。

与此相对，后段描写吹死灰，扬腐余，伤害人的精神，带来病灾的"勃郁烦冤"之风，并以"此所谓庶人之雌风也"作结。

这篇几乎没有什么意义的作品，以赞颂与庶人的雌风相对的大王的雄风为主旨，同样具有振魂的目的。宋玉还写有《大言赋》《小言赋》，都收入宋代编录的《古文苑》里，是描述大王与庶人的语言的。这种把事物阶层化的做法，表现出振魂文学因宫廷化而堕落和作者的帮闲化。

《文选》的分类中有"七"这一类，收入汉枚乘的《七发》八首，魏曹植的《七启》八首，晋张协的《七命》八首。当时采取这种形式的作品很多，后人仿效的也多。"七"不是篇数，从这些作品都由八首组成也可以知道；恐怕与"九"是圣数而与祭神有关一样，"七"也是以这种形式表示文学的本质吧。

枚乘是前汉文帝、景帝时的人，陪侍梁孝王成为上客，当时孝王手下聚集司马相如等许多文人，成为文学的中心。

《七发》八首描写楚太子卧病，吴国客人前来慰问，了解到他的病是由精神方面的原因所致，认为可由"要言妙道"解除，于是尝试用讽诵文学予以治疗。首先谈起以龙门百尺之桐作名琴的故事：

　　龙门之桐，高百尺而无枝，中郁结之轮菌，根扶疏以

分离，上有千仞之峰，下临百丈之溪。湍流溯波，又澹
淡之。

生于这个灵地的桐树凌风雪，触雷霆，生长壮大，最后被
制成琴，师堂、伯牙奏之，飞鸟听而收翼，走兽垂耳而悲。于
是激励道："此亦天下之至悲也。太子能强起听之乎？"太子仅
仅答道："仆病未能也。"

继之谈到饮兰英酒而食熊蹯和鲤脍等天下美味，使天下名
驭手王良和造父驾至骏之车而乘之，登景夷台南望荆山、北望
汝海，浮游览观，下而置酒于虞怀之宫，于山中幽邃之所极歌
舞之乐等，但太子丝毫没表示出兴趣。

接而述说于云梦泽试作雄壮狩猎之乐，太子的心略有所动，
阳气现于眉宇之间；述说勇猛之士白刃皑皑，追逐兕虎，太子
总算渐有起色。于是，客又述说八月之望，于广陵曲江观看潮
水通连东海的洪涛之态，描述江水逆流、海水上潮的浩荡之状。
最后，客提及请方术之士，论天下之要言妙道，太子之病终于
痊愈。以上是全篇的基本内容。

人虎相斗

由古代的巫祝们传下来的咒诵文学，大约就像这样经宫廷
文学侍从之手变成了赋诵文学吧。但其中仍然保存着往昔时代

咒诵的原有性质，而这恐怕就是言灵文学的最后形态了。古代的歌谣可以说经过兴的发想得以与对象直接地、生命性地联系起来，而与其融通性的自然观衰微的同时，终于变成咒诵性质的赋了。

第四章

诗经民俗学

（一）关于采草

卷耳诗

在诸国民谣——《国风》里，以采草为发想的诗歌颇多。《国风》多以村落和田园为背景，所以采草被当作以食用为目的的行为，其中难以断定的则被理解为"通常仅取其情景和气氛"（松本氏上引书，第二百六十页），但古代的歌谣并非站在那种日常的立场上歌唱的，必须看到在它的发想中包含着更深刻的意义。

《周南·卷耳》相当于我国的防人歌，采取颇为复杂的结构。

> 采采卷耳，不盈顷筐。
> 嗟我怀人，寘彼周行。　第一节
>
>
> 陟彼崔嵬，我马虺隤。
> 我姑酌彼金罍，维以不永怀！　第二节

陟彼高冈，我马玄黄。

我姑酌彼兕觥，维以不永伤！　第三节

陟彼砠矣，我马瘏矣，

我仆痡矣，云何吁矣！　第四节

卷耳是繁缕类的草，可以作为凉拌青菜食用。"采采"是不停地采摘吗？为什么又叹唱装不满筐呢？为什么又把好容易采集起来的故意放在道边呢？不解决这些问题，仅仅说是表现防人之妻的无聊哀叹，不能算是理解了这首诗。

采草是留在家里的人为所思念的人振魂的预祝行为。《小雅·采绿》也是描写采草的，第一、二节如下：

终朝采绿，不盈一匊。

予发曲局，薄言归沐。　第一节

终朝采蓝，不盈一襜。

五日为期，六日不詹。　第二节

为预祝而采草是与神约定期限的。这个女子约定五天，但过了日子仍未采够，预祝归于失败。为此，头发又干又乱，生命日趋衰颓，必须梳洗头发，唤起新的生命。

为预祝而采草，对我们《万叶集》中的人来说也很普遍。例如：

　　一到难波去，见之令我悲，

　　谁将春菜采，乃是守家儿。　　卷八，一四四二

其中的采春菜者是为奔赴难波的男子振魂的守家女子。作者哀怜地望着她那凝神采菜的姿态，心里涌起一股怜悯之情。东歌里也有这种作品，如：

　　伎波都久冈，茎韭我来摘，

　　虽摘不盈筐，同夫共摘择。　　卷十四，三四四四

哀叹"虽摘不盈筐"的是为振魂而采草的女子，"同夫共摘择"则是男子戏弄她的语言。前一首说"见之令我悲"，是表示同感之歌；后一首则采取嘲弄的态度。采草这种行为使人或表示共感，或加上揶揄，如此引人注目，可见绝非日常行动。因之，它的失败使这个女子头发干燥、蓬乱，甚至感到危机。

　　采草不仅限定时日，地点也有规定，即所谓"结标"。《万叶集》有如下几首歌：

　　一见似君草，油然忆草标，

　　野山茅草浅，切莫任人樵。　　卷七，一三四七

　　欲从明日起，标野采春菜，

　　昨日同今日，谁知雪降哉。　　卷八，一四二七

　　结标春日野，忽断浅茅绳，

　　我已念君久，而君似远鹏。　卷十二，三〇五〇

　　这种规定地点、限制时间的采草，是为了替心中所爱的人振魂。所以，采草时甚至有就那样躺在野地的。这也是为了振魂。如：

　　我来春野外，采堇染衣裳，

　　野景堪留恋，终宵在徜徉①。　卷八，一四二四

这首歌与"欲从明日起"（卷八，一四二七）同属赤人的作品。这种采草风俗到了《万叶集》后期则加上玩笑的成分。如：

　　为君勤我手，春野拔茅花，

　　君食茅花后，愿君体重加。　卷八，一四六〇

这是纪女郎赠家持的歌，家持则和歌如下：

　　茅花今受取，愈益恋君情，

　　食汝茅花后，瘦成太瘦生。　卷八，一四六二

　　在《卷耳》诗里，将所采的草悄悄放在"周行"。"周行"

---

① "徜徉"也可以译为"睡眠"或"躺卧"等意思。——译注

即连接周都的东西大道，周南武
士的征役大概正是沿着这条道奔
赴远方。把草放在道旁，是期待
产生感染式的咒术效果。

咒觥

第二节以下是武士之歌。登
高山遥望故里，寄托怀乡之情。
酌金罍倾咒觥而饮酒，可能成为
后世所谓登高饮酒、重阳菊酒风俗的起源。后世旅行者逢重阳
日则有登高饮菊酒、头插茱萸、缅怀故乡等风习，都具有振魂、
辟邪的意义。这里称为金罍和咒觥的青铜器流行于西周初期，
所以这首诗至少保存着这些器皿流行时代的记忆。

在诗篇的时代，登高饮酒尚未作为岁时之俗固定下来，似
乎只有偶尔怀国思乡之风。《魏风·陟岵》是歌咏征夫思乡的：

> 陟彼岵兮，瞻望父兮。
>
> 父曰：嗟！予子行役，夙夜无已。
>
> 上慎旃哉，犹来无止！　第一节

这在贵族社会的诗篇里也同样存在。如：

> 陟彼北山，言采其杞。
>
> 偕偕士子，朝夕从事。
>
> 王事靡盬，忧我父母。　《小雅·北山》第一节

在征戍期间，陟北山而采草，仍然属于振魂式的行为。

《卷耳》的登高饮酒是与第一节的采草相对应的，"采采卷耳，不盈顷筐"暗示预祝的失败。于是第二节以下叙述马也疲惫不堪毛色衰褪，仆人也病倒了。"玄黄"也是用来形容草木枯萎的，《小雅》末篇《何草不黄》中有"何草不黄，何日不行。何人不将，经营四方"（第一节）的诗句。第三节"匪兕匪虎，率彼旷野"是表现日夜在旷野徘徊的征夫之苦。《卷耳》的最后一节也响彻与此相近的绝望悲叹，预祝没有带来所期望的效果，可以说充满了产生这类诗篇的时代悲伤吧。

祭神与预祝

采草本来属于祭神活动。如：

> 烟笼春日野，但见女儿多，
> 春野觅芽子，采来煮食么。　　卷十，一八七九

我认为我国的庭灶①之俗也是祭神的民俗化。

诗篇中有歌咏采草祭神的作品。《召南》有《采蘩》《采蘋》二首。

> 于以采蘩？于沼于沚。

---

① 正月初一至初三，在房间入口处筑新灶烧火，家人饮食游乐的例行活动。——编注

于以用之？公侯之事。

于以采蘩？于涧之中。

于以用之？公侯之宫。　《采蘩》第一、二节

于以采蘋？南涧之滨。

于以采藻？于彼行潦。

于以盛之？维筐及筥。

于以湘之？维锜及釜。　《采蘋》第一、二节

两首都是三节。《采蘩》的末节歌咏氏族妇女假发随风摇摆，为祭神日夜操劳的样子；《采蘋》则歌咏季女成为斋女，为其祭祀服务。

祭神要用溪涧里的水藻等物。《左传》隐公三年条中所说"苟有明信，涧谿沼沚之毛，蘋蘩蕴藻之菜，筐筥锜釜之器，潢污行潦之水，可荐于鬼神，可羞于王公"，就是根据这两首。蘩、蘋等本来应当是作为神馔供奉的。

《万叶集》中描写采摘水藻和玉藻的作品很多，也是因为它们本来是神馔，采摘它们具有预祝的意义。大伴旅人等于天平二年（730年）冬十一月决定从太宰府上京城时，曾参诣香椎庙，"退归之时，马驻于香椎浦，各述怀作歌"，如下：

行到香椎浦，诸君采菜忙，

朝来同采菜，海水湿衣裳。　卷六，九五七

　　　　　　　　　　帅大伴卿

时风应早吹，吹遍香椎浦，

浦上潮干时，吾人割藻去。　　卷六，九五八

大贰小野老朝臣

来去常相见，香椎卤浦边，

须史明日后，欲见也无缘。　　卷六，九五九

丰前守宇努首男人

这里的采菜、割藻是对香椎表示敬意的行为，是饯别，对于不久即将开始的上京旅行具有预祝的意义。

采集水草作为神馔，春秋时期《鲁颂·泮水》也加以歌咏，似乎保存着这个传统。该诗第一节如下：

思乐泮水，薄采其芹。

鲁侯戾止，言观其旂。

其旂茷茷，鸾声哕哕。

无小无大，从公于迈。

建于泮水之滨的泮宫是鲁国圣庙，它的祭祀也是采集水芹作为供奉。周庙大约也是采取同样的祭仪形式，《小雅·采菽》第一节的开头"采菽采菽，筐之筥之"，与《采蘋》形式相同。其第二节如下：

觱沸槛泉，言采其芹。

君子来朝，言观其旂。

　　　　其旂淠淠，鸾声嘒嘒。

　　　　载骖载驷，君子所届。

《鲁颂·泮水》袭用这首诗的许多句子。

　　神馔的采草和预祝的采草，恐怕本来具有同一起源吧。所以，当奔赴决定国家民族命运的战争时，也进行采草的预祝。《小雅·采芑》第一节起头是：

　　　　薄言采芑，于彼新田，于此菑亩。

　　　　方叔涖止，其车三千，师干之试。

朱子《诗集传》认为，采草是为供给军队食用。但是出动兵车三千的大军，大概不会靠采草来满足食用，采草无疑是为了预祝战争胜利。在征役诗里还有许多与此类似的东西。

　　《小雅》的《采薇》《出车》《杕杜》三首，据旧说是有关联的，以《采薇》送出征之军，以《出车》《杕杜》迎其归还。三首诗里都有采草的诗句。

　　　　采薇采薇，薇亦柔止。

　　　　曰归曰归，心亦忧止。

　　　　忧心烈烈，载饥载渴。

　　　　我戍未定，靡使归聘。　《采薇》第二节

　　　　春日迟迟，卉木萋萋。

仓庚喈喈，采蘩祁祁。

执讯获丑，薄言还归。

赫赫南仲，狝狁于夷。　《出车》第六节

陟彼北山，言采其杞。

王事靡盬，忧我父母。

檀车幝幝，四牡痯痯，征夫不远。　《杕杜》第三节

《采薇》中的采草，大约是祝愿平安归来的意思。所谓"饥渴"，与恋爱诗的饮食同样，是使人产生性的联想的表现。

《出车》作为仪礼诗有改编的痕迹。它的第五节直接包含着上引《草虫》的第一节六句。第二节"忧心悄悄，仆夫况瘁"、第四节"岂不怀归，畏此简书"等厌战的诗句很多，不能认为是迎接凯旋的；只有上引第六节始于采草预祝，构成颂扬赫赫武功的诗句。似乎是在前四节带有军歌式的悲伤感情之后，加上五、六两节，改编成为仪礼诗的。

《杕杜》的第三节与上引《小雅·北山》的第一节类似，前四句是征夫的话，后三句是等待他的家里人的话。

即使不是采草，例如仅仅歌咏花之美，也期待产生预祝的效果。《小雅·皇皇者华》是思念征夫的诗，第一节如下：

皇皇者华，于彼原隰。

骈骈征夫，每怀靡及。

这首诗只有第一节采取独立形式，第二节以下是"我马维驹，六辔如濡。载驰载驱，周爰咨诹"形式的四节叠咏，所以只有第一节构成送征夫出征的预祝歌。

在旅途上眺望繁茂的花草具有预祝的意义，这种习俗在《万叶集》里也是同样的。如：

> 征人如倦鸟，速向大和飞，
> 白菅有真野，榛原手折归。　卷三，二八〇

> 白菅有真野，榛原此野存，
> 往来君独见，真野有榛原。　卷三，二八一

前一首是高市黑人所作，写的是手折榛原的榛枝作为礼物带回家去；后一首是他妻子的答歌。所谓"往来君独见"的意思大约是，频频眺望榛原的你一定平安无事。对这首歌异说颇多，如不体会手折榛枝、注视榛原的预祝意义，这些歌就会变成没有意义的了。黑人的歌是两首连在一起的，另一首是：

> 见妹猪名野，何如名次山，
> 角松原尚在，欲见何时还。　卷三，二七九

其中的"见妹猪名野"和"角松原尚在，欲见何时还"，都不是为了欣赏当地风光，而是为了接近名胜之地的地灵，具有振魂的意义。

采草歌的展开

采草的风俗，由于既可供神又可食用，所以被寄予振魂的期望，所采的草则往往被赋予特定的意义。有时仅仅根据语言的联想，如《鄘风·载驰》第三节有如下诗句：

陟彼阿丘，言采其蝱。

女子善怀，亦各有行。

其中的蝱指名叫贝母的草。据朱子注，可治郁结之疾。"蝱"与"忘"音通，如我国的"忘忧草"一样，采用由其名而来的联想。据《尔雅·释草》郭璞注："根如小贝，圆而白，华叶似韭。""蝱"与"忘"不仅音通，似乎也有散郁结之气的药效。"女子心事多，且有女子的人世定数"，为了忘却忧虑，于是采摘寓意忘忧的蝱。

我国的"忘忧草"是萱草，百合科，多年生。如：

欲插忘忧草，纽中宜插早，

难忘是故乡，香具山头好。　卷三，三三四

萱草忘忧草，欺人空有名，

取之缝下纽，从此不忘情。　卷四，七二七

虽有恋情草，滋生屋上头，

　　忘情草未发，何以可忘忧。　　卷十一，二四七五

　　诸如此类，在《万叶集》中也常加以歌咏。第一首是旅人的，第二首是家持的，此外在卷十二作者不明的作品中还有与之类似的歌（三〇六〇、三〇六二），大约是被广泛歌咏的吧。

　　在采草诗里，有的采取单纯反复咏唱采草的形式。如《周南·芣苢》的三节叠咏：

　　采采芣苢，薄言采之。
　　采采芣苢，薄言有之。　第一节

　　采采芣苢，薄言掇之。
　　采采芣苢，薄言捋之。　第二节

　　采采芣苢，薄言袺之。
　　采采芣苢，薄言襭之。　第三节

　　各节之中韵字部分只有二字不同，分别为"采、有"，"掇、捋"，"袺、襭"。松本氏解释说，这首诗韵律之中有游戏气氛，本来是劳动歌，"作为从事紧张劳动的田园女子歌谣就够用了"（上引书，第二百六十一页）。这个解释近于方玉润《诗经原始》的说法。方氏认为，这首诗与汉代古乐府曲《江南可采莲》类似。

　　江南可采莲，莲叶何田田。

> 鱼戏莲叶间，鱼戏莲叶东，鱼戏莲叶西，
>
> 鱼戏莲叶南，鱼戏莲叶北。

这首民谣的后五句以同样句法反复，"莲"是同音字"恋"的隐语，而"鱼"则自诗篇以来一直被用作女性的暗喻。

《芣苢》仅以采摘芣苢为主题；但采芣苢、唱芣苢，所寄托的是什么意思呢？从文字上说，"芣苢"与"胚胎"即"孕"字的发音有关。"不"（见图①）是花的台①，即"萼"的象形字。在金文里，"不"的下部附有结实之形象，果实成熟裂开叫作"剖判"。"台"（见图②）本来是在农具犁上加"凵"，含有被清农具的意思，这种农耕仪礼还与为求子而举行的生子仪礼有关。

① ②

芣苢是车前草、大车前，不能食用，采摘芣苢的劳动不太可能广泛进行。芣苢与胚胎同音，从前认为芣苢有怀孕的药效，或者以为能够避免难产。据旧说，这首诗是写为治疗男子的恶疾而采草的。在中医《本草》学上说，芣苢兼有利尿和强壮的疗效。

闻一多《匡斋尺牍》论及与芣苢同属利尿、强壮身体的药草——薏苡。薏苡似乎相当于日文里的鸠麦，原产于印度、马来西亚、中国华南等地。《后汉书·马援传》写道：

---

① 原文的"うてな"在日语里对应汉字为"台"，"花的台"是花萼的异称。——编注

> 初，援在交阯，常饵薏苡实，用能轻身省欲，以胜瘴
> 气。南方薏苡实大，援欲以为种，军还，载之一车。时人
> 以为南土珍怪，权贵皆望之。

据说由马援把它传到中国。《神农本草经》记载，它能除筋骨之邪气，"久服轻身、益气"。

据闻一多的说法，薏苡与古代所说的苤苢同种，药效也相似，以它为怀孕药草的信仰由来已久。后汉时对经书加以神秘解释的纬书里说，夏王朝创始者禹的母亲服薏苡而生禹，所以夏朝姓姒。后汉王充的《论衡·奇怪》和《史记正义·夏本纪》也有同样说法。这可能是古代的苤苢信仰после后汉时以薏苡信仰的形式与古代帝王传说结合起来了吧。关于苤苢、薏苡作为药草的研究以及有关的传说，水上静夫氏的《中国古代的植物学研究》（角川书店，昭和五十二年，1977 年）介绍了历来各种传说，并有详细论述。

采草歌里的草无论是作为神馔，还是作为药草都在某种意义上有效用。因而，振魂的意义也由此而生。这些诗不久变成对歌，在恋爱诗里也发展起来。

例如，《鄘风·桑中》采用三节叠咏，每节三叠句的形式，而且其中还有句法的变化，被认为是舞踏歌。第一节如下：

> 爰采唐矣？沫之乡矣。
>
> 云谁之思？美孟姜矣。
>
> 期我乎桑中，要我乎上宫，送我乎淇之上矣。

淇水之畔经常举行对歌。桑中也是男女幽会之地。在这首引诱对手前去的诗里，第一句所写的采草是参加歌会的女子的行动，但"唐"没有什么深刻意义。"唐"是一种强壮药。第二节是"爰采麦矣"，第三节是"爰采葑矣"。"葑"就是芜菁。麦子和芜菁并非有什么特别的药效，只不过像"唐"和"乡"那样，各节都要选择合韵的字。这个形式本来是作为振魂和预祝所举行的采草，在这里则被用作引导出期望与人相逢的发想形式。这大约是兴的采草之发想的退化形式吧。

（二）祝颂的诗

祝颂的形式

如地赞美和国赞美那样，献给神灵的"颂词"似乎成为产生有韵律的语言、神圣的韵文的起源之一。因而，祝颂首先是献给这种神灵的语言。同时，神灵也会发布给予祝福的语言，称为"祝嘏辞"，即神灵的应答语。

这种致神的"颂词"和神所回答的"祝嘏辞"，无非是原来已经在现实中存在的权威的反映。在现实秩序之中，具有绝对权威的东西产生，并且要求它的神圣化时，神便随之产生，祝颂便随之举行。于是，对神灵的祝颂往往成为对现实权威君主的祝颂。人麻吕的吉野扈从之歌（《万叶集》卷一，三六至三九）是最完整的典型，其中第二长歌的反歌是：

敬奉神灵事，山川各不同。

只今河曲内，船出到河中。　卷一，三九

这是最高级的天皇赞歌。赤人以及其他人的吉野赞歌在本质上也是对吉野山川的地灵赞颂，归根到底是对天皇的赞歌。

对神灵的祝颂和神灵的应答经常采用问答的形式。祭祀者是工祝（神官），被祭祀者是皇尸（代神受祭者）、神保（神灵替代者）。祭祀由他们进行。

《小雅·楚茨》六节是歌咏收获节的，相当于我国的新尝祭，其第五节如下：

礼仪既备，钟鼓既戒。

孝孙徂位，工祝致告。

神具醉止，皇尸载起。

鼓钟送尸，神保聿归。

诸宰君妇，废彻不迟。

诸父兄弟，备言燕私。

由此可知其祭神的样子。

祖灵的祝福由尸宣布。《大雅·既醉》里"公尸嘉告"所述的祝嘏辞如下：

其告维何？笾豆静嘉。

朋友攸摄，摄以威仪。　第四节

　　　　威仪孔时，君子有孝子。

　　　　孝子不匮，永锡尔类。　　第五节

　　　　其类维何？室家之壸。

　　　　君子万年，永锡祚胤。　　第六节

　　　　其胤维何？天被尔禄。

　　　　君子万年，景命有仆。　　第七节

　　　　其仆维何？釐尔女士。

　　　　釐尔女子，从以孙子。　　第八节

这里采用问答的形式，问答又以接尾式前进。《既醉》是贵族社
会仪礼诗的最为完成的形式，但其祝颂仍残存着素朴的、近于
原始祝颂方法的形态。

　　由眼前事物而祝颂的发想方法，可以在从地赞美之歌向振
魂歌发展的过程中看到。

　　前面已经提及的祝颂诗——《秦风·终南》的第一节是：

　　　　终南何有？有条有梅。

　　　　君子至止，锦衣狐裘。

　　　　颜如渥丹，其君也哉！

第二节也采取"终南何有？有纪有堂"的问答形式。《大雅·旱

麓》则采取"瞻彼……"这种地赞美的发想形式：

> 瞻彼旱麓，榛楛济济。
> 岂弟君子，干禄岂弟。

这同时也被当作振魂的定型。

在采取"瞻彼……"形式的诗中，还有为人所熟知的《卫风·淇奥》：

> 瞻彼淇奥，绿竹猗猗。
> 有匪君子，如切如磋，如琢如磨。
> 瑟兮僩兮，赫兮咺兮。
> 有匪君子，终不可谖兮。

切磋是磨石，琢磨是磨玉。这个连用"如"的句法在祝室诗《小雅·斯干》里也出现过，即"如竹苞矣，如松茂矣"。在我国，《日本书纪·显宗天皇》前文中有弘计王为小楯举行祝室仪式时的文辞如下：

> 筑立稚室葛根，筑立柱者，此家长御心之镇也。
> 取举栋梁者，此家长御心之林也。
> 取置椽橑者，此家长御心之齐也。
> 取置芦蘿者，此家长御心之平也。
> 取结绳葛者，此家长御寿之坚也。

取葺草叶者，此家长御富之余也。

这里采用直接表现法，但不言而喻是"如"的意思。这种直接表现是更古老的形式。这与兴的发想先于比喻是同样的。《万叶集》也有原来出自祝颂歌发想，但采取比喻式的表现，如：

柱头营大殿，祝殿寿延长，
愿母能长寿，容颜不改常。　　卷二十，四三四二

兄似紫阳花，花开无限度，
世间能久存，相见相思慕。　　卷二十，四四四八

祝颂与思慕

对君主、族长的祝颂原来具有振魂仪礼的意义，所以有很多采取振魂的发想。与采草相同，描述树木繁茂的样子也是以接触自然界灵活的生命力而使其附于自己身上的方法。歌咏树木的姿态、树叶上雨露的形状，也会成为具有这种意义的发想。上文提到的《卫风·淇奥》的"瞻彼淇奥，绿竹猗猗"，《秦风·终南》的"终南何有？有条有梅"，《大雅·旱麓》的"瞻彼旱麓，榛楛济济"，等等，都是如此。这些未必限于眼睛所看到的东西，往往是以发想的形式歌咏的。如《小雅·南山有台》第一节：

> 南山有台，北山有莱。
>
> 乐只君子，邦家之基。
>
> 乐只君子，万寿无期。

第二节是桑和杨，第三节是杞和李，第四节是栲和杻，第五节是枸和楰，都是二者合韵的，分别在南山和北山。总之，为了表示山的兴旺景象而举出许多树名，成为祝颂的表现，也成为导出"万寿无期"的振魂语言。

当表现多少涉及精神方面时，则不仅列举其名，而且采取描写其状态的方法。《小雅·湛露》第三节如下：

> 湛湛露斯，在彼杞棘。
>
> 显允君子，莫不令德。

由杞、棘叶子上的湛湛露珠引出君子的令德。第四节如下：

> 其桐其椅，其实离离。
>
> 岂弟君子，莫不令仪。

由树木果实累累引出漂亮的仪容，手法是一样的。第一、二节如下：

> 湛湛露斯，匪阳不晞。
>
> 厌厌夜饮，不醉无归。　第一节

> 湛湛露斯，在彼丰草。
>
> 厌厌夜饮，在宗载考。 第二节

第一节的"匪阳不晞"是与下句"不醉无归"具有形式上的对应关系的兴，第二节的前两句是导出"厌厌夜饮"的夜色的发想，已经不是以振魂机能为主的写法。因而第三、四节的发想所具有的兴的性质也就变得颇为稀薄了。

祝颂诗发想的这种变质，可以说是伴随着祝颂诗本身性质的变化而来的。《周南·樛木》诗曰：

> 南有樛木，葛藟累之。
>
> 乐只君子，福履绥之。 第一节

> 南有樛木，葛藟萦之。
>
> 乐只君子，福履成之。 第三节

这只是三节叠咏的单纯形式，却具备作为祝颂诗的充分条件。"南"如《周南·汉广》的"南有乔木，不可休思。汉有游女，不可求思"那样，表示女神的出现。而《小雅·南有嘉鱼》的"南有嘉鱼"则是祭祀诗的发想。在诗篇中，"南"经常带有伴随异乡感的圣境的语感。樛树是下垂树，与《汉广》的乔木一样是异形大树，具有神树的观念。树上又有葛藟缠绕，更使它充分具备了作为神树的条件。这种情况在我国古代也可以见到。如：

> 不知何岁月，山上有神来，
> 香具山头上，香杉长绿苔。　　卷三，二五九

> 山上寄生树，寄生老树颠，
> 取来头上插，长寿万千年。　　卷十八，四一三六

后一首是天平胜宝二年（750年）正月二日家持在越中国厅贺宴时所作，可见当时仍然流行这种祝颂方法。寄生是槲寄生。诗篇把葛藟所缠绕的乔木的形象当作神圣的，但它又容易使人联想起依附雄壮物体的可怜事物。从祝颂诗向恋爱诗的转化，由此表现出来。

《卫风·淇奥》是君子赞颂诗，第一、二节以"有匪君子，终不可谖兮"作结，第三节以"善戏谑兮，不为虐兮"作结，意思是"善于幽默谈笑，但是从不刻薄"。这与其说是恭恭敬敬的祝颂、赞颂，不如说表现出相当平和可亲的恋爱诗式的感情。《万叶集》也有类似情况。如：

> 有树如无果，神灵不享之，
> 树如结果实，方有献神时。　　卷二，一〇一

> 虽云神树灵，手触尚无毒，
> 唯有他人妻，毒深不可触。　　卷四，五一七

> 三轮杉木圣，祭祝不能攀，

触手应成罪，逢君乃尔艰。　　卷四，七一二

桃树向前峰，桃林树树红，
吾人曾耳语，谨记汝心中。　　卷七，一三五六

我立橘花下，殷勤握树枝，
开花结果否，为妹问君时。　　卷十一，二四八九

这些都可以看作是从祝颂、预祝的发想转为相闻的。由祝颂转相闻的这一方向是和诗篇中的作品完全相同的，而且也是和采草歌的发展方向一致的。

恋爱诗的形成

恋爱诗的形成，即我国相闻歌的形成，在对歌等集体场合普遍出现，是值得注意的问题。诗歌作为个人内在精神世界的表现只悄悄传达给特定者的状况，在共同体的事物仍然大量残留于生活习惯之中的时代，几乎是难以想象的。从这个意义上说，《万叶集》中相闻歌的形成和发展，也与所谓写景歌的形成问题有相通之处。

在诗篇的恋爱诗里，歌咏采薪风俗的很多。这种采薪风俗与我国的采薪风俗，在民俗上好像有颇为相似之处。薪柴在我国的祭神和民俗仪礼上占有何等重要地位呢？这可以由收入《改订综合日本民俗语汇》的有关词条看出来。

　　例如，"柴打"是指狩猎者宿于山里时，用柴掸其使用地，向山神借用这块地，或是巫女在对疾病的治疗祈祷中环坐起来挥舞柴薪。"柴折神"是指在山顶路旁小祠祀神，过往行人奉献柴薪的风习。"柴切"是指出嫁祝宴结束，睡过一觉醒来时饮一大杯酒。"柴插"是指插立柴薪作为斋忌标志，或在神领之境插立柴薪。"柴节"是指伐年木的仪式，"柴立"是指为建立斋场而栽神树，用于神幸之旅所等。在祭日里，神官社人等有时还举行柴舞祭。祝新年的焚火柴名叫"柴迎"。

　　至今残存在这些民俗语汇里的习俗，大约是从远古时代继承下来的吧。如《万叶集》有以下的歌：

　　　　白浪海边打，苍松立海滨，
　　　　纸钱枝上挂，世世敬天神。　　卷一，三四

　　　　磐代有青松，结枝聊贡献，
　　　　幸能遇赦还，与汝重相见。　　卷二，一四一

　　　　青柳秀枝多，攀来持在手，
　　　　君家制缦成，以祝千年寿。　　卷十九，四二八九

　　　　庭中有灶神，围以木柴薪，
　　　　为汝吾斋祝，归来愿及辰。　　卷二十，四三五〇

这些都是有祭神背景的，而作为不拘泥于形式的相闻作品，除前举"有树如无果""虽云神树灵"之外，还有俗谣式的旋头歌，如：

> 祝神持币帛，献以隐藏杉，
> 伐木杉原去，斧斤亦被监。　卷七，一四〇三

诗篇里伐薪的发想本来也与祭神有关。《大雅·旱麓》如上所述是祭事诗，歌咏缛宴的，第五、六节如下：

> 瑟彼柞棫，民所燎矣。
> 岂弟君子，神所劳矣。
>
> 莫莫葛藟，施于条枚。
> 岂弟君子，求福不回。

柞棫用作火节的火炬。莫莫繁茂的攀缘植物缠绕树木是《周南·樛木》里也能看到的祝颂发想。采薪在《大雅·棫朴》里也有描写，如：

> 芃芃棫朴，薪之槱之。
> 济济辟王，左右趣之。

这也指祭神。《棫朴》和《旱麓》前后并列编排，《棫朴》里有

"倬彼云汉，为章于天"，《旱麓》里也有"鸢飞戾天，鱼跃于渊"，都是颇具象征性的诗句，可以认为是知识社会贵族隆盛时期的诗篇。

以"柞棫""棫朴"这些采薪的兴，导出"岂弟君子"和"济济辟王"，这是作为祝颂的兴，但柞薪有时也被当作不幸的发想。《小雅·车辖》被认为是诗意不明的一首，所歌咏的似乎是相当特殊的情况。

> 间关车之辖兮，思娈季女逝兮。
> 匪饥匪渴，德音来括。
> 虽无好友，式燕且喜。　第一节

季女在诗里系指留在家里从事祭神工作而不能出嫁的女子。现在车声震响，少女就要离开家庭。饥渴是指欲望。这出嫁不是为了满足欲望，她是真正获得了情投意合的人，但是仍然不被允许。这是没有任何人来给予祝福的结婚，只有以内心的喜悦为之送行。歌咏者大概是她的亲人。其中也有采薪：

> 陟彼高冈，析其柞薪。
> 析其柞薪，其叶湑兮。
> 鲜我觏尔，我心写兮。　第四节

柞薪的叶子湑湑繁茂是可喜可贺的预兆，是对结婚的祝福。篇末第五节是：

> 高山仰止，景行行止。
>
> 四牡騑騑，六辔如琴。
>
> 觏尔新昏，以慰我心。

这是祝颂，是预祝，但毕竟是在暗地里进行的、充满恐惧的。只有高山人之所仰，景行人之所行，托其德音。采用采薪的发想，但给人以近于反兴的感觉。

《周南·汉广》是祭祀汉水女神的，第一节里"南有乔木，不可休思。汉有游女，不可求思"所歌咏的女神，在祭祀上是为与男神结婚而出现的。

> 翘翘错薪，言刈其楚。
>
> 之子于归，言秣其马。
>
> 汉之广矣，不可泳思。
>
> 江之永矣，不可方思。　第二节

"之子于归"是指女神奔赴男神之所，即所谓神婚。最后的四个叠句在三节诗里反复出现，以咨嗟咏叹女神来表示对她的深切思慕。而这种伐薪风俗不久就变成结婚祝颂诗和恋爱诗的一般发想。从这里可以考察由祝颂诗、祭礼诗向恋爱诗的转化过程。

（三）恋爱诗的种种形态

扬之水三篇

采薪之所以作为结婚之祝颂的发想而被使用，可能由于采薪本来是具有预祝意义的祭神性行为，因此，在恋爱诗里，采薪也以预祝的意义成为发想。《周南·汝坟》的前两节内容如下：

> 遵彼汝坟，伐其条枚。
> 未见君子，惄如调饥。　第一节

> 遵彼汝坟，伐其条肆。
> 既见君子，不我遐弃。　第二节

第一节说"未见君子"，第二节说"既见君子"。沿汝水堤岸砍伐条枚、条肆，是为了见到君子的预祝行为。这个发想常被用于恋爱诗，析薪的斧头也就产生了新的意义。《豳风·伐柯》是祝贺结婚的，前两节如下：

> 伐柯如何？匪斧不克。
> 取妻如何？匪媒不得。　第一节

> 伐柯伐柯，其则不远。

　　　　我觏之子，笾豆有践。　第二节

"斧"里可能隐藏着"夫"的音吧。但是，这个伐柯采取"匪斧
不克"的有条件的表现方法，似乎表示他们的结婚不是以寻常
的方式进行的。如《齐风·南山》第三、四节是：

　　　　蓺麻如之何？衡从其亩。
　　　　取妻如之何？必告父母。
　　　　既曰告止，曷又鞠止？　第三节

　　　　析薪如之何？匪斧不克。
　　　　取妻如之何？匪媒不得。
　　　　既曰得止，曷又极止？　第四节

这首诗的第一节是：

　　　　南山崔崔，雄狐绥绥。
　　　　鲁道有荡，齐子由归。
　　　　既曰归止，曷又怀止？

这首诗似乎是骂男人的，女方已经嫁到他乡，但他怎也不肯死
心。对已经正式出嫁的人，他为什么总是恋恋不舍呢！
　　采薪是带有预祝性质的行为。有时让薪顺水流去，进行水
占。《扬之水》三篇是歌咏这种风俗的。其中，关于《唐风·扬

之水》第一节"扬之水，白石凿凿。素衣朱襮，从子于沃。既见君子，云何不乐"，上文已经说过。"既见君子"与"未见君子"相对，表示由于预祝得以相逢的喜悦。

预祝的成功由投入溪流的束薪顺着激扬的流水漂然而下，川底的白石闪烁可见等表现显示出来。如果束薪被岩石堵住不能流走，则成为凶占。《王风·扬之水》是防人歌，第一节如下：

> 扬之水，不流束薪。
>
> 彼其之子，不与我戍申。
>
> 怀哉怀哉，曷月予还归哉？

这些防人大约是在征戍地进行水占的吧。而这首诗恐怕是作为军歌以安慰他们孤独的心灵的。

另一篇《郑风·扬之水》也是哀叹离别孤独的，第一节如下：

> 扬之水，不流束楚。
>
> 终鲜兄弟，维予与女。
>
> 无信人之言，人实迁女。

这也是以水占失败为发想的。咏唱孤独的无依无靠的寂寥情绪，而其孤独恐怕是离别的结果吧。

我国所流行的水占，有"木屑""木积"和"水绳"等。例如：

> 若得为渔栅，归依宇治人，
> 相思如木屑，流过竟如尘。　　卷七，一一三七

> 木屑流河上，河流塞满盈，
> 满城皆爱汝，万众正倾心。　　卷十四，三五四八

> 潮自堀江入，满潮木屑多，
> 假如皆宝贝，礼品足张罗。　　卷二十，四三九六

这些未必是为水占而漂流的，但下一首歌是继承水占之俗的：

> 今渡饶石河，念妹别时多，
> 凭水占凶吉，清流是此波。　　卷十七，四〇二八

"木屑"的发想，在相闻歌中关联"相思"，其背景中还有木屑化女的传说。"若得为渔栅，归依宇治人"这句，各种研究书籍都认为意思不明，我想恐怕是指这类传说吧。

> 宇治河中断，拦腰有木篱，
> 穿篱水四出，前路知何之。　　卷三，二六四

人麻吕这首歌大约也是依据由木积作水占的风俗吧。下面一首与之合在一起，表现人麻吕的无常感：

> 流水响淙潺，流经卷向山，
>
> 人间如水沫，吾亦在人间。　卷七，一二六九

这首歌属于卷向对歌歌群，在这里水占仍在流行。

这种水占风俗大概也与柘枝传说有关。例如：

> 柘枝今夕至，流水送仙姿，
>
> 未有修桥者，谁能取柘枝。　卷三，三八六

吉野人味稻在吉野仙境捕鱼时，漂流而来的柘枝化为仙女与味稻私通的故事，在《怀风藻》中，纪男人、藤原史、丹墀广成等人所作《游吉野川》中有所记载。《万叶集》在上引一首歌之后又有如下一首：

> 古有修桥人，而今不见面，
>
> 此间望柘枝，柘枝安可见。　卷三，三八七

在那首歌之前还有如下一首：

> 吉志美山高，攀登险且豪，
>
> 勿徒攀野草，妹手应携牢。　卷三，三八五

以上三首合称《仙柘枝歌三首》。其中"吉志美山高"一首，在《仙觉抄》和《肥前国风土记》里写作"杵岛山岳高，

攀登险且豪，不能攀野草，妹手应携牢"，《古事记·仁德天皇》里则写作"仓椅山岳高，攀登险且豪，不能攀岩石，我手须抓牢"，本来是名叫《杵岛态》的对歌。

《扬之水》三篇大约也有这种对歌场上的采薪、水占之俗，是作为对歌咏唱的。如《唐风》的《扬之水》那样，预祝与君子相逢是本来的形式吧。变成《王风》和《郑风》的《扬之水》那种别离悲伤的兴，可以说是反兴的发想。而人麻吕所作"宇治河中断"和"流水响淙潺，流经卷向山"等歌，也是从原来的预祝歌转化而来，寄托一定的悲伤之情的。

投果与衣食

恋爱诗的系谱往往出自祝颂和对歌，其祝颂和振魂的行为原封不动地被视为思慕的表现，变成恋爱诗的发想。投果起初是为被除邪灵，即辟邪而进行的，后来成为振魂的风俗。而衣食则具有授灵，或一体化仪礼的意义。这些都是对歌的表现中所常见的。

《召南·摽有梅》的诗意长期令人不解，闻一多认为摽是投掷的意思，所歌咏的是对歌的投果风俗，第一次打开了解释之道。这首诗第一节是：

> 摽有梅，其实七兮。
>
> 求我庶士，迨其吉兮。

第二节说"其实三兮",第三节说"顷筐墍之"。闻一多认为"墍"是送给的意思,筐里已经没有可投的梅子。"其吉"的意思是,现在正是机会。投果是女子鼓动男子的行为,所投的果实也要选择妇女在与人交往时可作为"贽"①的东西。妇女选的"贽"莫如说与投果风俗具有同一起源,从那里被仪礼化的吧。

这个风俗似乎后来也在流行,《世说新语·容止第十二》记有这样一个故事:六朝时晋人潘岳是风度翩翩的美男子,他身穿猎装在京城乘车而过,女人争相往他的车里投掷水果,车子转眼之间装满水果。同时从山东来到京城的左思,也乘车而过,女人却向这个其貌不扬的乡下人投掷瓦砾,使他畏缩逃回。

投果的风俗在《卫风·木瓜》里也有所描述。这首诗前两节如下:

> 投我以木瓜,报之以琼琚。
> 匪报也,永以为好也。　第一节

> 投我以木桃,报之以琼瑶。
> 匪报也,永以为好也。　第二节

女子在对歌的人群之中,对准早已思念的男子投掷水果;如果男子将身上佩戴的玉投掷回来,那就表示同意女子的求爱。在盛产芳香水果的东南亚,有些地方至今仍然保留这种风俗。

---

① 古时初次见面时所送的礼物。——编注

对歌不用说本来就是属于照叶树林文化地区[①]的东西，而中尾佐助氏的《现代文明两源流》所述"对歌的假说"则把它与早期赘婿婚联系起来，这是值得注意的看法。不过，对于黄河流域诗篇里的对歌，这个假说仍然存在许多应当探讨的问题。

衣服是包裹灵魂之物这个观念，在古代的文字构造中已经明白显示出来。《中国古代文化》第七章（第二节中的"丧葬之礼"）和本书第一章（第三节中的"夺与奋"）都曾谈过。在恋爱诗里，它则成为爱情的直接表现。如《唐风·无衣》采用两节叠咏的形式：

> 岂曰无衣七兮？不如子之衣，安且吉兮。
> 岂曰无衣六兮？不如子之衣，安且燠兮。

"七"和"六"是为了与"吉"和"燠"押韵。简而言之，它与《万叶集》如下一首歌是同样的：

> 筑波岭上桑，蚕食吐丝忙，
> 丝制君衣美，借来作我裳。　卷十四，三三五〇

《郑风·缁衣》里也有如下内容：

> 缁衣之宜兮，敝予又改为兮。
> 适子之馆兮，还予授子之粲兮。　第一节

---

① 指南方的亚热带和热带地区。——译注

缁衣是黑色上衣，男子的常服。这里是说，适合你穿的缁衣如果破了，我给你重新做吧。这是假托衣服求爱。但是，主动奉送饮食是颇为大胆的表现。饮食在恋爱诗里意味着男女关系。谈到饮食的，另外还有《郑风·狡童》《陈风·株林》《唐风·有杕之杜》等。饥渴也出现在《王风·君子于役》《曹风·候人》《陈风·衡门》《小雅·车舝》等诗里。关于《车舝》一诗，上文已经引用过"匪饥匪渴，德音来括"的诗句。

其中《陈风·衡门》按旧说是贤者退隐之诗，歌咏志向高尚的人躲避乱世，在幽僻之所过修身养性的生活。这首诗第一节如下：

衡门之下，可以栖迟。

泌之洋洋，可以乐饥。

旧说认为，这是描述甘于饥渴的生活，甚至以此为乐的贤者之境。但是，世上可有特意以饥渴为乐的人吗？如上所述，所谓饥渴是指欲望。在泌水之畔举行对歌，衡门则是避人眼目的场所。因之，《衡门》第二节咏道：

岂其食鱼，必河之鲂？

岂其取妻，必齐之姜？

第三节里是"河之鲤""宋之子"。若是姜姓、子姓，则为名门之女。鱼是女性的隐语。所谓是女子，则不限名门之女，而是一种过于露骨的、仅把对方当作饥渴对象的表现，只允许在对

不特定多数 ① 咏唱的对歌里存在。

饥渴不是令人愉快的，而是应当设法解除的。"乐"不过是"瘵"②的假借字。由于把它解释为玩乐，所以这首诗被看作高人退隐的诗，"栖迟"也就被认为是幽栖的意思。在汉魏碑文中，赞美某人高卧称为"栖迟偃息"。杜甫的诗，一百韵的长篇《秋日夔州咏怀》里有"羁绊心常折，栖迟病即痊"，《移居》里有"白头供宴语，乌几伴栖迟"等句。就栖迟的本来意义而言，这实在是可笑的误用。而在诗篇的解释中，这类错误至今仍然不少。这是因为把古代歌谣真正作为古代歌谣来理解的解释学尚未确立。

象征的手法

在《万叶集》里，很少看到像诗篇里的饮食之类公然地引起有关性的联想的表现。而诗篇里借助衣服的表现，在《万叶集》中却以更加丰富的感情抒发出来。这或许可以说明《万叶集》已经从对歌式的作品向创作的世界迈进了一步。例如：

> 秋风此日寒，遂念著衣单，
>
> 念此将衣著，见衣作妹看。　　卷八，一六二六

---

① 不特定多数，即不针对个别人，这是对歌（歌垣歌）与恋爱赠答歌（相闻歌）的一个区别。——编注
② 医治的意思。——译注

人言繁盛时，吾妹宜收拾，

衣在必穿衣，下裳当着急。　　卷十二，二八五二

别后内心悲，赠衣作内衣，

内衣长不解，直到再逢时。　　卷十五，三五八四

我妹长思我，内衣不解开，

赠吾衣上纽，我岂解开来。　　卷十五，三五八五

　　内衣直接接触身体，因而伴随以强烈的感情。结、解衣服的纽带，意味着男女的离别和相逢。诗篇里似乎也有结婚

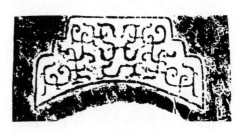

蟠螭纹

时结上装饰性纽带的风俗，《豳风·东山》中说，婚礼时"结其缡"。"缡"是女子腰部的蔽膝巾。"离"的字形是虫子上下缠在一起，在青铜器花纹里也可以看到，所谓蟠螭纹便属于这个系统。结婚称为"婚媾"，"婚"（见图③）是三三九度[1]斟酒的形状，"媾"的半边（见图④）则是上下纽结合起来的形状。

---

① 　此处"度"为"次"之意。日本婚礼的一种仪式，新郎、新娘要分三次对饮三杯，共计饮九杯。——编注

③　　　④

　　女子结缡，男子则佩带解缡的觿。这个觿是用名叫"觿"的象牙制造的角形锥。《卫风·芄兰》的第一节是：

　　　　芄兰之支，童子佩觿。

　　　　虽则佩觿，能不我知。

　　　　容兮遂兮，垂带悸兮。

这被视为讽刺只有外表装饰却无大人之德者的诗。觿是成人的佩戴物，用以解妇女所配衣带之缡。这是女子戏弄未开窍的青年男子的歌，意思是装出大人的样子，腰里佩戴着觿，但"能不我知"，是个没出息的、不懂女人心理的男人哟。这大概属于对歌时的戏弄歌吧。不理解"知"这个词在歌谣上的意义，便不能理解这首诗；而要理解"知"的意义，仍然必须着眼于觿的象征性。在我国，"纽"的象征性特别重要。例如：

　　　　独宿纽丝断，惊心可奈何，

　　　　不知何所事，只有泪痕多。　　卷四，五一五

　　　　别时曾结纽，今若解开来，

　　　　解纽毋忘我，真是爱情哉。　　卷十一，二五五八

　　　　旅途如独寝，纽断必将缝，

请即自缝好，有针在手中。 卷二十，四四二〇

倘若家中妹，念吾总叹唉，

当时为结纽，自必解开来。 卷二十，四四二七

《万叶集》有关"纽"的歌达七八十首。"纽"在相闻歌里是最富有象征性的。地方歌、防人歌里这类作品也不少。它们是离别、羁旅时的产物。原来恐怕是民谣式的发想，而在民谣基础之上的人麻吕的羁旅歌，如"淡路野岛崎，崎岸有风吹，妹结吾衣纽，纷纷反面披"（卷三，二五一），可以视为歌谣从古代发展而来达到一个成熟阶段的表现。《人麻吕歌集》中所谓卷向歌群的特点，或许也应当这样理解。从中可以看到通向象征的卓越手法。

诗篇里有许多作品采取以天象暗示诗歌主题的方法。风一般是不安的暗示。《邶风·终风》的"终风且暴，顾我则笑"，是对动作粗暴、准备遗弃女方的男子的哀叹。《邶风·谷风》以及《小雅》中的同名作都是弃妇诗，即被男方所遗弃的女子的诗。所谓"习习谷风，以阴以雨"（《邶风·谷风》）、"习习谷风，维风及雨"（《小雅·谷风》），都是情绪不安和悲伤的暗示。谷风仿佛是"无草不死，无木不萎"（《小雅·谷风》）的死亡之风。风作为殷代的四方风神而被神话化，与风土方面的东西密切结合，形成一定的特性。谷风作为死亡之风、离别悲伤之风，仅仅出现于弃妇诗里。

作为天象，如雷引起对男子的联想（《召南·殷其雷》），

虹引起对女子淫乱的联想（《鄘风·蝃蝀》，蝃蝀即虹，在《曹风·候人》里称朝隮），这些关联已经固定化。其表现则如《鄘风·蝃蝀》的"蝃蝀在东，莫之敢指"（第一节）、"朝隮于西，崇朝其雨"（第二节），与谚语的表达相近。

但在我国，它更具体地结合着情感表现。例如：

> 大野山前雾，弥漫似海潮，
> 我今长叹息，吹雾若风飘。　　卷五，七九九

> 春雨作来使，家人特遣来，
> 泪流春雨降，谁不湿衣哉。　　卷九，一六九八

> 伊香保堰堤，堤上起虹霓，
> 鲜艳惊人目，共眠欢乐时。　　卷十四，三四一四

> 君行到海边，宿处雾弥漫，
> 定是吾长叹，君知应早还。　　卷十五，三五八〇

诗篇和《万叶集》之间这种象征性手法的不同，意味着什么呢？我认为这是值得探讨的问题。即诗篇和《万叶集》未必经常处于相同立场，这是不言自明的；但这些古代诗集在各自的表现手法上具有可以称为《诗经》民俗学、《万叶集》民俗学的问题领域，在这个意义上应当作为比较民俗学的重要对象。其中应该还存在未经开垦的丰沃土壤。

第五章

卜辞的世界

（一）自然的气息

饮水的虹

自然的形象对古代人来说往往能够成为象征，这是因为他们当时认为自然的存在作为有生命的东西，是与人处于同样立场上的。犹如从"吹弃气喷之狭雾"（《日本书纪·神代上》）产生新的生命那样，人也是通过"吹雾若风飘"而得以显现的。

> 海风吹已急，吾妹叹应多，
>
> 叹息凝成雾，空中亦饱和。　卷十五，三六一六

这是远离者的"叹息之雾"。

在诗篇里，《曹风·候人》歌咏早晨出现的虹。这首诗第四节是：

> 荟兮蔚兮，南山朝隮。

婉兮娈兮，季女斯饥。

季女是不准出嫁的留家巫女，其饥渴之心化为云气充满空间，变成鲜艳的朝虹，出现在朝云之间。《候人》的第二、三节如下：

维鹈在梁，不濡其翼。
彼其之子，不称其服。

维鹈在梁，不濡其咮。
彼其之子，不遂其媾。

男方是身着赤芾礼服的美貌青年，被比作鹈。这里慨叹理应捕鱼的鹈却不弄湿嘴巴和羽毛，也不知道追逐鱼群。鱼是女子的隐语，所以鹈指不懂爱情的男子。因此，季女苦闷的哀叹也在虹里表现出来。"伊香保堰堤，堤上起虹霓，鲜艳惊人目，共眠欢乐时"（《万叶集》卷十四，三四一四）所描绘的情景略有不同，但在把欲望与虹霓联系起来这一点上，可以说二者想法类似。后来则使用"云雨"一词。

对于古代人来说，虹与其他天象一样，不仅是自然的现象，同时是活着的实体；不仅是活着的实体，而且它的出现是人世某种异变的前兆，所以让人恐惧。罗振玉所编的《殷虚书契菁华》收入了殷代卜骨里出色的、有代表性的大版肩胛骨，其中有关于云蜺（虹）的记载。

殷历以十日为一旬的旬法为基本，在旬末的癸日占卜下一旬的吉凶，称之为卜旬。关于由卜旬所预知的异变，君王需要亲自观看卜骨的烧灼痕迹，以便做出吉凶的判断。君王的判断辞称为占繇。下引一段卜文刻的是君王关于卜旬的占繇辞：

> 王固曰：㞢希，八日庚戌，㞢各云自东面母。昃亦㞢出蜺。自北，饮于河。

卜文　各云出蜺

王观察下一旬的卜兆，预占了将要发生什么异变。果然在第八天庚戌日，从东方出现了云。此云名曰面母。如《楚辞·九歌》有"云中君"神一般，云具有各自的神格，并且有名字。

《楚辞·天问》中有"白蜺婴茀"的诗句，卜辞中所谓"大风自西，制云率雨而晦"的制云，大约也是云神的名字。《天问》提到了如下的传说：

> 白蜺婴茀，胡为此堂？
> 安得夫良药，不能固臧？

据后汉王逸注，这是指仙人王子乔的事。

有名曰崔文子的人向王子乔学仙道。一次子乔化为白蜺，婴茀持药，付与文子。文子惊白蜺之姿，引戈击之，药落地下。俯身视之，是子乔之尸，遂急忙移入室覆盖起来。不久尸体化为大鸟，鸣叫不已。文子大惊，揭开一看，大鸟当即幡然飞去。面母、制云之类的云神，或许也以这种传说故事为背景吧。

汉代云气纹

《管子·侈靡》中有"视之天变，观之风气"等语，占卜天象大约源于天象乃充满生命力之诸神的活动场所这一古代观念吧。《周礼·春官·保章氏》中有"以五云之物，辨吉凶、水旱降、丰荒之祲象"等语。郑司农注曰："以二至二分，观云色。青为虫，白为丧，赤为兵荒，黑为水，黄为丰。"这就是所谓占候术。保章氏任占星、占云之职，以前可能有世袭的。

据《太平御览》卷十四所引晋干宝的《搜神记》，有虹通连女子身边的传说。庐陵巴丘小吏陈济之妻独居室中，俄然被神附体，精神恍惚，一健壮男子出现，将她带至山谷涧边，结下姻缘。其后每逢此男子来访时，村人都能看见空中有虹出现。最后男子带上陈氏之妻所生之子离去，当时天空风雨晦冥，村人清楚地看见大小二虹从陈氏家中升天腾云而去。

这个传说使人想起从卜辞到民间传说的长远系谱。

龙的传说

"蜺"（见图①）以两头龙形表示。虹蜺以龙形表示尚且可以理解，而"云"（见图②）也以龙尾内卷之形表示，大约是因为"云"并非单纯的云气，而是实在的、有形的东西这一观念。这一点也还可以理解，但表示十日的"旬"（见图③）仍以龙尾内卷之形表示，实在令人不可思议。因为所谓十日是不会有实体的，所以，似乎可以认为"旬"是假借字。如果是假借字，在金文的字形中被卷尾之龙抱于怀中的东西（见图④）是什么呢？恐怕是玉，而"旬"即抱珠的龙形吧。因此，"眴""绚"等字也用以表示光辉灿烂的意思。

"龙（龍）"（见图⑤）抱珠，二者的结合从文献上看并不久远，《庄子·列御寇》记有千金之珠藏于九重之渊骊龙颔下，伺其睡时取之的传说。

①　　②　　③　　④　　⑤

《说文·一上》"珑"字条所谓"祷旱玉，龙文"，是因为从前龙被视为水神，施以龙文之玉能够有效地防止水旱。《国语·楚语下》也记有珠为国家六宝之一，能够有效地防止火灾。《说文·十一下》的"龙"字条则以韵文说明如下：

鳞虫之长，能幽能明，能细能巨，能短能长。春分而登天，秋分而潜渊。

在《说文》正文中，采用韵文的只有卷首的"一"字和卷末的"亥"字，所以这是一种特殊处理。所谓春分登天，秋分潜渊，大约与以二至二分看气之吉凶有关联吧。

"龍"在甲骨文的字形也受到特别的待遇。它的字形头部附加一个"辛"字形的东西，据说是个冠饰。这个"辛"字形在被视为风神的"凤"字（见《中国古代文化》）和"虎"（见图⑥）字上也有，这些似乎后来成为青龙、朱雀、白虎而配为四神的原形。如此说来，除去北方的玄武之外，其余三神在卜辞中都可以见到其原始形态。

汉代四神图

在青铜器的花纹里，也可以相应地认为青龙是虬龙文，朱雀是夔凤文，白虎是饕餮文。但只有龙被当作具有咒灵的东西。于是，龙被置于庙中形成"宠（寵）"（见图⑦）、"庞（龐）"（见图⑧）等字，再以双手持之则成为"龚（龔）"（见图⑨）字。卜辞中有"龚司"一词，似乎是指巫女们所居的圣地。被认为可能是龚的简化形的字（见图⑩）常常用于邪祟的意思，大概是指因咒灵而招致的结果。

⑥　　　⑦　　　⑧　　　⑨　　　⑩

《左传》昭公二十九年记载龙出现的传说。当年秋天，龙出现于晋都绛的郊外。魏献子求教于蔡墨，蔡墨回答说：从前有职掌畜龙的氏族，称为豢龙氏、御龙氏。廖叔安的子孙中有个名叫董父的人，深知龙的耆欲，供龙饮食，龙多归之。圣帝舜赐其董姓，称豢龙氏。夏朝孔甲为王时，有个名叫刘累的人向豢龙氏学其术，获得御龙氏之称。

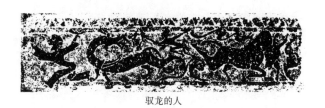

驭龙的人

蔡墨还说：在后代官制中，驭龙者为治水的水官之职，然而此官职现已废除，据说能驭龙的氏族已不存在。蔡墨又称史墨，是传授祝史之学的人。在晋国，祝史的传承很多。在由语部传下来的《国语》里，《晋语》部分最多，而且也富有巫祝式的故事。

用卜辞占卜有无恶果时，例如：

戊子（戊巳）卜，㱿贞："王昌龚？"

　　　　乙未卜，彀贞："妣庚龚王疾？"

"龚"被写成简化形。占卜祸殃时，普通有"屮祟""亡壱（见图 ⑪）""亡尤"等语，都是采用表示动物灵形式的字。通过卜问所询问的灾厄，大约是由于使用动物咒灵的诅咒导致。后世的"无恙"也是同样性质的语例。

⑪

　　当王受祟时。例如：

　　　　乙子（乙巳）卜，彀贞："屮腹疾，不龚？"
　　　　贞："屮目疾，屮龚？"

这一类，关于腹、眼、齿、趾等病例很多。这些祟如上引武丁时的卜辞"妣庚"那样，是先王之妣作祟。在妇女的场合，大多是其婆婆作祟。这与其说是由于当前存在的婆媳问题，毋宁说是由于婆媳具有各不相同祖灵的宗教原因吧。

　　为了对付这类祟祸，举行所谓"御"的祭祀，意思是对诅咒加以防御。相传有过御龙氏那样的氏族，恐怕也是因为使用爬虫类的咒术曾经盛极一时。但是，这类传说仅在特定的巫史之间，由语部传到后世。在殷代的咒术里伴有很多古代传说，这种传说成为语部传承的起源。

巫女与媚兽

咒术是驱使有咒灵的东西发挥其咒能的方法。龙是具有巨大咒能的灵兽，所以才有豢龙氏、御龙氏等职掌者，将其仪礼和咒法传承下来。巫女们在进行咒术时也驱使这类携有咒灵的兽类，它们的上半身和媚女的"媚"相同，是在"眉"上附加咒饰之形，下半身则是被浓毛所覆盖的兽体。

卜文　媚兽

"杀"字以殴打作祟的兽，减杀其咒力为目的，这是表示共感咒术的字。而媚女所用的咒兽也接近这个兽体。不过，它们在头部有与媚女同样的媚饰，可能是因为隶属于作为媚女的巫女吧。

媚女也以巫女的身份参加战争之类，在阵前击鼓，面对敌阵举行厌伏望[①]的仪礼。当其军溃败，则首先被斩杀。而它的字形是轻蔑的"蔑"，这已经说过（见《中国古代文化》）。这个古代媚女的系谱，大约从远古神话时代开始流传，进入历史时代后仍以媚蛊、巫蛊等词出现在文献上。前汉武帝时发生的巫蛊之变使宫廷后宫陷入极度混乱，牵连而死者达数万人。这种巫蛊风俗，之后很久仍然流行。

这种巫术的源流显然始于卜辞中的媚女。她们应该会祭祀作为职业祖神的神巫。其神像多半是"被杀的媚女之形"（见《中国古代文化》），即作为受难者的"蔑"，祭祀场所则称为

---

① "厌伏"即压伏，"望"即祭。——译注

"蔑宗"。在祭祀"蔑"时，常与殷王朝圣职者系统的黄尹、伊尹并祀，王有时也亲自举行祭仪。例如：

> 己亥（日）卜，殷贞："虫伐（供奉牺牲）于黄尹，亦虫（侑）于蔑？又（侑）于其蔑与伊尹？"
> 丙子（日）卜，殷贞："王虫吕（为求祀所而祀）于蔑，有虫又（神之祐助）？"

黄尹、伊尹既是圣职系统的神，又有很强的军神属性。例如：

> 贞："省（巡察）虫（侑）于黄尹？"
> 贞："黄尹保我使（祭政使者）？"

与之并列的"蔑"似乎也有军神的一面。在其祭仪中有时用燎（火祭），是因为它被视为列在天上的天神。

这些巫女被称为眉人。据"庚寅卜，殷贞：眉人三千，勿乎（呼）望吾方？"、"贞：眉人三百归？"等例，一时似乎有许多人被动员，从事此项工作。因而也被称为多眉，例如，"壬午卜，自（贞人名）贞：王令多眉御方（部族名）……"这些都与军事有关，所以她们如我国的"面胜神"一般，大约是到第一线压服敌军的魔女吧。

神圣王朝的时代一结束，这些群巫便失去古代王朝神权制的保护，作为服务于山川祭祀的群巫，把古代巫祝文化传到各个地区，变成了其传统的维护者。在《诗经·国风》里，表现其巫风的祭礼和对歌的作品甚多。在巫俗最兴盛的楚地，汇集起从各地来的具有不同信仰的群巫，成为巫祝文化的中心。

它的最大圣地是相传祭祀古圣王舜的九嶷山，这些九嶷之神在《楚辞·离骚》中也屡次出现。楚巫们以九嶷为大本山巡游各地圣所，继续不断地进行巫祝活动。《楚辞·九歌》中所歌咏的"湘君""湘夫人"也是他们所信奉的神，后来被视为舜之妻——娥皇、女英①。这些巫俗不久引起了震撼汉朝后宫的大事件。

马王堆出土的九嶷山图

汉武帝被称为中国历史上的一代雄略英主，这是因为他对

---

① 此处或为作者表述上的问题。"湘君"被认为是舜本人，而娥皇、女英二妃共为"湘夫人"。——编注

外军事上的成功，但其政治和后宫的混乱状态也异常可观。晚年昏愚，被方士群巫包围，为妖言所惑。许多巫女出入后宫，后妃们互相妒忌，依巫女所说施行媚道，后宫化为可憎的黑咒术世界。

后宫本是封闭性很强的所在，所以《周礼·内宰》规定，以阴礼教六宫九嫔，以妇职之法教九御（女官），特别指出"正其服，禁其奇邪"，所谓"奇邪"，郑玄注为"若今媚道"，指汉代流行的媚道。据《史记·建元以来侯者年表》记载，将陵侯史子回之妻宜君，因切断妇女新生婴儿的臂肘和膝盖作为咒灵进行媚道，而被弃市（公开处刑）。《史记·外戚世家》记载，长公主给景帝进谗言，说栗姬施行"狭邪媚道"；陈皇后施行妇女媚道暴露而被废黜，也是由于嫉妒卫子夫（后来的卫皇后）受宠而加以诅咒的缘故。《汉书·外戚传》也载有为了诅咒后宫新爱之人和妊娠后妃所施行的媚道。诅咒时大多制作木偶将其埋入土中。

在巫蛊之变中，欲废卫皇后之子——戾太子的阴谋，与皇后之弟——大将军卫青的死同时发生，由于被利用的后宫嫔妃的策动，说成是卫皇后诅咒武帝，而太子宫室下预先埋好的许多桐人则成为不可动摇的证据，卫氏一族遭到诛灭。但事后了解到，那是与卫氏不和的江充一派的阴谋，于是江氏一族也被诛灭。这个事件的牺牲者据说达数万人之多。武帝也后悔由于这个显而易见的诈谋失去了皇后和太子，建思子宫而自顾哀叹，不久便于失意中去世。

梦与死

巫蛊又称媚蛊。《周礼》疏曰"媚道谓道妖邪巫蛊以自衒媚"。诅咒人的方法通称媚蛊，而蛊则指其中用虫的方法。卜辞所谓"贞：隹媚蛊？不隹媚蛊？"是用蛊的，这个方法后来在苗族中间仍然流行。即选择五月五日这一节日，搜集有毒之虫百种，大至蛇，小至虱，装入一容器之中。虫互相咬，最后剩下的一虫被认为是最有咒能的。将它埋在地下进行诅咒，称为埋蛊。要杀人时，暗中让他将此虫吃进腹中，称之为腹中虫。如果在一定期限之内不予使用，它的咒灵将会反转过来危害主人。

在埋蛊时，也有同时埋木偶桐人或用鸡之类牲物的。对于埋蛊，可以用将牺牲埋入地下的所谓伏瘗法进行对抗。"伏"是人与犬的会意字。此处的人是武装的，以兵器击蛊，而犬则是对蛊气最敏感的牺牲。在安阳殷王陵墓的玄室棺椁之下掘开立坑，发掘出了埋在那里的武将和犬牲。

蛊有时乘风侵犯城邑和地域，称之为风蛊。为此，把犬皮撕裂张贴在城门上，作"儺"（驱邪）。《礼记·月令》中有"九门磔禳""大儺旁磔"的仪礼，是立春前一天举行儺鬼殴疫的原型。

在卜辞中，犹如龚是"祟"一般，蛊也被用作"祟"的意思。例如：

贞："王咼，隹蛊？"贞："王咼，不隹蛊？"

> 己未卜，贞："王恼，蛊？"
>
> 贞："女丙亡蛊？"

灾祸与恼人的疾病往往由蛊所致。这个蛊有时也是人的灵魂。在上引最后一条卜辞里，所谓女丙可能是其怨灵之主。

据说被枭磔的死者也会变成蛊，它能使人为恶梦所苦，严重时则失掉意识，直至死亡。"瞢"和"薨"是指由媚蛊造成的失神和闷死。称高贵之人的死为"薨"是后来的用义，居于高贵地位的人必须有与薨死相配的功业。

梦字的上部也是媚的形状。它是媚之外魂，夜晚袭人，进行种种衒惑。衒惑的"衒"似乎是后来造的"玄"的形声字，其原字可能是在"行"字之间加上枭磔形态的媚女的样子（见图⑫），意思是在路上施行衒惑人的咒术。

⑫

卜辞里经常提到畏梦，写成人在床上被魇住的样子。姑且把这个字解释为梦。这就是所谓梦魇（nightmare）。例如：

> 庚辰卜，贞："多畏梦不至囚？"
>
> 贞："亚（圣职者）多畏梦，亡疾？四月。"
>
> 丁未卜，王贞："多畏梦，亡来敳（外敌侵入者）？"

梦大约被当作带来祸患的前兆。堂堂的古代王朝的圣王们也畏惧这个无形的梦魔，不能不感到恐怖。恐怕还要设置占梦官，根据梦兆举行种种庄严的仪礼吧。

卜辞的所谓畏梦属于《周礼·占梦》里的惧梦一类。为了被除这种恶梦，需要举行堂赠礼。堂赠在《周礼·男巫》中有如下记载：

> 掌望祀、望衍，授号，旁招以茅。冬堂赠（祓除不祥和恶梦），无方（一定方位）无算（远近之差）。春招弭，以除疾病。

《占梦》也有如下记载：

> 掌其岁时，观天地之会，辨阴阳之气。以日月星辰占六梦之吉凶。

继之举出正梦、噩梦、思梦、寤梦、喜梦、惧梦六梦，然后写道：

> 季冬聘王梦，献吉梦于王，王拜而受之。乃舍萌于四方，以赠恶梦。

称之为堂赠法。"赠"注为"送也"，《男巫》注曰"故书赠为矰"，"矰"似乎是正字。矰是矰缴，把它作为咒矢，在射仪中祷神消灾。这是"候禳"的方法。"候"也是使用咒矢的祷神消灾仪式。

尽管献上吉梦，用堂赠法祓除恶梦，不懈地举行防卫媚蛊的仪礼，有时还是会因恶梦而丧命。这称为"薨"。"薨薨"这个形容词，在诗篇《周南·螽斯》里，是蚱蜢飞起的声音，不过原来可能是描绘昏睡状态的词。"梦"这个词，在今天的语感中会使人联想起快乐的东西，但对于生活在可怕的媚蛊世界的古人，它甚至是走向死亡的预感。因为对他们来说，自然界充满了过多的神秘。

（二）人类的状况

关于出生

在灵妙自然之中生活的人类的状态，也必须是与自然对应、调和的。无论狩猎、畜牧、农耕，人类的活动都在各种生活手段之中被限定了生存的方向。于是，文字产生时代的人类生活方式便在文字构造之中留下许多证迹。

人的状态从其出生开始。"生"（见图 ⑬）是什么？从字形来说，如《说文·六下》所说"象草木生出土上"，是象形。而《说文》所加"进也"的训，不过是因为"生"和"进"声音相近。

⑬

卜辞里有多子与多生对称使用的例子。多子指王子身份的
人，多生指此外的同族人，即同姓的人，可见生是姓的意思。
金文里也有称同族人为百生的例子，西周后期的善鼎上将宗子
与百生对称起来，相当于卜辞的多子与多生。所谓出生，据说
首先是作为氏族的人，作为同姓之人而出生。

生字是草木繁茂的样子，并具有生生不尽的意思，这说明
当时人们的主要生产形态已经是农耕。在生的字形之中，有
表示从种子萌芽出来的状态。把人比作草的说法，在我国也
有"显见苍生"（《日本书纪·神代上》）、"现显青人草"①（《古
事记·神代》）、"人草"②（《古事记·神代》）等例，本来是"苍
生"的译语，但原本也有类似的观念吧。

生育称为娩，卜文的字大约是象形字。关于出生又有"嘉"
与"不嘉"之别。如：

甲申卜，殻贞："妇好（王室后妃名）娩，嘉？"三旬
又一日甲寅娩，不嘉，佳女。甲申……妇好娩，嘉？王固
曰："其佳丁娩，嘉。其佳庚娩……"

所谓嘉，从"不嘉，佳女"等语考虑，似乎生男时为嘉，

---

① 现世之人的意思。——译注
② 即庶民。——译注

生女时为不嘉；但或许没有这种意义的
限制。似乎可以理解为由生产之日，大
致上是由干支之日论吉凶。可是若从下
例考虑，还是存在关于出生的嘉与不嘉
的想法：

　　贞："今五月（妇好）后（娩），
其嘉？"

　　丁亥卜，旦（贞人名）贞："子
商妾（妻）□娩，不其嘉？"

卜文　娩不嘉之例

在不嘉之中，好像也包括女孩出生时。

　　嘉是指嘉禾嘉谷，把它用于娩嘉，表示农耕仪礼与生育仪
礼之间颇有一些关联。

　　解释嘉字的原形是"放"（见图⑭），"力"是犁的形象，
所以这个字形是在女子面前放个犁。它似乎表示女子分娩时咒
祝的方法，即希望犁所具有的生产力量在女子生育时发挥咒能
的作用。

　　"力"（见图⑮）在《说文·十三下》中解释为"筋也。象
人筋之形"，作为筋肉的形象。于是产生"男"是在田里从事
体力劳动的人，"加"是力与口结合在一起等俗解。其实"男"
（见图⑯）是田与力（犁）的会意字，是农耕的管理者；"加"
（见图⑰）是在力（犁）上加口，以祝词为农具被除不祥的仪
礼，称为"加礼"。

⑭　　⑮　　⑯　　⑰

农耕用具在农闲期全部收进社的神库，当其取出存入时则举行严格的被除仪式。这是为了防止造成秋季虫害的蛊附着在器具上。因此，举行"加礼"时用鼓，以鼓声被除蛊。这就是"嘉"字（见图⑱）。有时在鼓上加禾形，表示嘉禾。出生时用嘉、不嘉等词，或许因为古代也有时击鼓迎接新生的灵魂。至少可以肯定，"力（犁）"象征对新生命的咒力。

祭祀时所用的洁净的供品称为"笾豆静嘉"（《诗经·大雅·既醉》）。"静"（见图⑲）也是与嘉有关联的字，所以才写在这里吧。"争"在《说文·四下》里解释为"引也"，即两只手拉扯东西的形状；但在金文里，显然是从上下持"力（犁）"的形状。再加上"青"，"青"和"丹"是为了圣化所加的东西，为圣化的文身和明器之类大多用"朱"。"青"取自"丹"。把它加在农具上，可以避免秋季螟螣之害。

⑱　　⑲　　⑳　　㉑

关于出生，卜辞里用"嘉"字，显然基于出生与农耕作为生产行为具有同样性质的观点。"生"又变为"世"（见图⑳），变为"枼"（见图㉑），变为"叶（葉）"，同一世代也用"世""枼"等词表现。西周时期的金文中常有"至十世不忘""枼万孙子""永枼毋忘"等语。

由"生"转为"世"的一系列想法，大约并非母系社会的产物，而是属于所谓男系继承法、王朝的继统法业已形成的时期。上述卜辞属于武丁时期。武丁以前，从阳甲至武丁之父——小乙等四王，是兄弟相继；武丁以后，仍采取兄终弟及的形式，即先兄弟顺位，再由弟之子继承；实行直系继承的，只有武乙以下最后四代。但在祖祭体系之中，有仅以直系为祭祀对象的祀典，可见直系观念由来已久。

关于往来

人们的生活与其居住地密切结合，在其祖灵和地灵保护之下进行。因而，离开居住地，即离开保护灵，这时需要用各种方法避免危险。《万叶集》所谓羁旅歌、写景歌的起源也都基于这种观念，力图依靠言灵回避灾难。

卜辞有很多是占卜出入往来的。卜辞是王室进行占卜的记录，而这些王室仪礼的习俗，作为民俗的一部分，可以认为是建立在广泛的生活基础之上的。

　　辛卯卜，㱿贞："来辛丑（日），王入于商？"

占卜王入商的例子颇多，本书第二章也曾举过。商是殷的正号，出自商邑之名。这段卜文属于武丁期，当时殷建都于今之安阳，即卜辞中称为大邑商、天邑商的地方。这里所说的商大约是旧邑之商。否则，不会用"入"一词。商恐怕是神都，在该地举行重要仪礼。

　　在这方面也有配合该地的重要仪礼进行占卜的。王亲赴该地，占卜其进入的适当日期。这个日期要询问该地地灵才能决定。

　　　　丙午卜，宾（贞人名）贞："王入，若？"

"若"是神意承诺之语。得到承诺，才能进入圣地。

卜文　往来之辞

　　进入圣地的方法也有规定。这是对地灵表示敬意的方法。如：

　　　　乙未卜，𣪊贞："今日步？"
　　　　庚寅卜，𣪊贞："羽（翌）己卯（日）步，亡壱？"
　　　　辛丑卜，𣪊贞："羽（翌）乙巳（日），王勿步？"

　　上文说过，进入圣地从事祭神活动必须步行（第二章第三节）。访问者亲践其土，接触地灵，是对地灵最虔敬的表现，是有效的慰抚方法。所以在我国流行反闳式的踏地舞蹈仪式。

　　　　乙卯卜，𣪊贞："今日，王往于𪒠（地名）？……"之日大采（早晨举行迎接太阳仪礼时）雨。王不步。

下雨时不行步礼，是因为地灵忌讳这种时候吧。每逢渡河也要占卜，确定安否。如：

己亥卜，骰贞："羽（翌）庚子（日），王涉归?"

田猎往来时，也要进行占卜，以便查明神意。如：

丙午卜，宾贞："王往出田（猎），若?"

王在特定地点开始行动时，也要进行占卜。如：

壬子卜，贞："王步，亡灾?"
乙卯卜，贞："王步，亡灾?"
辛酉卜，贞："王步，亡灾?"
乙丑卜，贞："王步，亡灾?"

这是因为从事征役等远方作战时，会经过许多地方，所以在行动过程中进行占卜。自壬子至乙丑，前往经过十四天，四次占卜步行。

　　董作宾氏的《殷历谱》是试图重新构成卜辞历谱的雄篇，其中的《武丁日谱》《帝辛日谱》搜集、排比卜辞资料，将武丁历经三年的舌方征讨和帝辛（纣）两次的东夷征讨历谱化。现在摘引帝辛十一祀五月的一部分如下：

> 乙巳（十一日）卜，在分贞："王田商，亡灾？"获兕二
> 十又□。王来征人方。
> 丙午（十二日）卜，在商贞："今日步于乐，亡灾？"
> 己酉（十五日）卜，在乐贞："今日王步于噩，亡灾？"
> 庚戌（十六日）卜，在噩贞："今日王步于香，亡灾？"

接连不断地奔赴各地。虽然没有记录其行为的目的，但大概是因为这些地方有圣地，于是前去举行仪礼，即践土的仪礼吧。途中进行田猎也具有祭神的意义。因此，占卜狩猎往来时也往往进行践土。

> 辛卯，于盂（地名），亡戋？于宫（地名），亡戋？吉。
> 甲午卜，翌日乙，王其逦于向（地名），亡戋？

占卜各地，求其吉兆，选择适合建宫之地。"逦"或释为"遽"，果然如此则可以说具有践土之"践"的意思吧。

> □□卜，贞："王逦于□（地名），往来亡灾？"御丝。

有的像这样特别加上"往来"二字，因为"逦"被解释为意味着这种仪礼行为的字。所谓"御丝（兹）"，是按此卜行事的意思。

关于死葬

"死"（见图㉒）的字形是把尸骨上半部放在面前进行跪拜。若是如此，这个字就不是指死这个事实，而是表示对死者的葬祭之法。因之，民国时代的优秀文字学者杨树达指出，"死"是表示"尸（屍）"的名词，待到专用此字于生死后，又造出"尸"字（《小学金石论丛》）。但杨氏没有论及死亡之死的初文是什么样子。

死的初文恐怕是人被收入棺中的象形（见图㉓）吧。它的形状近似囚，也有的研究者解释为囚，如郭沫若等批判将此字解释为死的董作宾和丁山的学说，认为此字应解释为囚，从前将人囚于坎井，所以在井中画个人形（《卜辞通纂》别录）。

㉒　　　　㉓

在卜辞"不死"的例句中，上文往往置以人名、官名，如：

贞："子羍不死？"

贞："雀其死？雀不死？"

妇好其死？

鼠（妇鼠）其死？

辛丑卜，殷贞："灵妃不死？"

子羍是王子，雀出自子雀王子的王族之家，妇好、（妇）鼠是王室妇女，灵妃大约是以神巫身份在王室工作的人。从这些例子来看，也显然不能把这个字解释为囚。还有应把这个字解释为死的例子，如：

> 贞："王之（梦魇）愁，虫死？"
>
> 贞："子母其后（娩），不死？"

像这样被梦魇魇住时，或分娩时，即当面临生死关头时，就要占卜死与不死。人的死亡，除这类梦魇以及伴随而来的疾病、分娩等危险情况之外，最严重的危机是由媚蛊招致的诅咒和在战争中与敌人的战斗。如：

> □辰卜，贞："子雍（王子名）不作蛊（蛊）？不死？"
>
> 癸丑卜，殻贞："旬亡囚？"王固曰："虫祟。"五日丁子（丁巳日）子麋（王子名）死。
>
> 癸亥卜，殻贞："旬亡囚？"王固曰："……其亦虫来蛊（外敌侵入）。"五日丁卯（日）子吉（王子名）□，不死。

"蛊"大概是"蛊"的假借字。因蛊的诅咒而死亡的事例似乎很多，所以占卜死与不死。"祟"也与蛊一样给人带来死亡。子麋的"麋"字是在麋形之下加"曰"形器皿，姑且解释为麋。卜旬时，王作占繇，预知下一旬中有祸殃，五日后的丁巳日果然记载子麋死亡。

卜文

卜文

第三个卜辞，同样是在卜旬时，王由卜兆预知外敌侵犯。第五日的丁卯日，子吉虽然发生了某种异变，但没有死亡。"吉"近于舌方的"舌"，但形态不同，姑且当作吉字。这些辞例解为拘囚之义则文意难通，应当解为死亡之死。

现在释为死的囚形字中，还有在其人形周围加上许多水点的字，用双手捧起囚形物的字（见图㉔），将人画作长发老人形象的字（见图㉕）等，都属于同一系统。加上水点的字，也许表示正在浴盥清洁。

另外有将床上的人原封不动地收进棺椁形状的字，有将残骨埋入土中形状的字（见图㉖）。有人把这些字解释为"葬"，但由于用例较少，难以确定它们的字义。近于现在的"死"字的，是礼拜残骨的形状，所以恐怕是由于复葬形式造成的，即在一定期间内停放灵柩，待其风化后再行改葬的形式。

㉔   ㉕   ㉖

从今天考古学的角度所了解的古代葬法中，一般大多采用仰卧伸展葬。此外有代表性的葬法有从甘肃半山仰韶文化[①]和江南文化遗址发现的屈肢葬，从龙山文化遗址发现的俯身葬，从青海朱家寨仰韶文化遗址和甘肃寺洼文化遗址等发现的残骨葬。从殷墓发现的断首葬、身首分离的殉葬中也有很多俯身葬，俯身葬或许与殉葬有关。

但是，在俯身葬之中也有伴以许多随葬品，特别是青铜器等精品的，有时未必仅由身份问题决定。而且这种葬法在周墓已经不普遍了。屈肢葬在中原地区出现于战国时期。火葬的痕迹在寺洼文化中也被发现。作为复葬的形式，有风葬、鸟葬之类。但在殷代，可以认为普遍实行埋葬。

《诗经·秦风·小戎》被认为是恋慕英勇武将的诗，其第一节有"言念君子，温其如玉。在其板屋，乱我心曲"等句。所谓板屋，是暂时停放尸体的殡室。其尸体待到风化再行埋葬。《秦风·黄鸟》据说是写五霸之一秦穆公（前659—前621年在位）下葬时，国人哀悼子车奄息等三兄弟被殉杀的诗。

《唐风·葛生》是失去丈夫的妻子面对丈夫的墓室要求合葬的诗，《大雅·江汉》是在淮水之滨吊葬战死于淮河流域者的诗。

人对死亡的恐惧十分强烈。孔子所谓"死生有命"（《论语·颜渊》）的君子式的达观是不易达到的。卜辞以古代的原有形态表现出这种对死亡的恐惧。

关于死后世界的想法，因时代而变化。古时的情况今天已不可知，但据《楚辞》的《招魂》和《大招》，似乎认为死者的

---

① 半山文化是否属于仰韶文化存疑，当前中国学界多持质疑态度。——编注

灵魂彷徨于四方晦暗的、可怕的恶灵住地。而前汉时人们心目中的死后世界，却可以为神仙所救助，达到上天灵界。根据马王堆棺衣所用的彩色画帛，可以了解它的样子。这里无暇详述，但可由此图想象它的情景。神仙方术的思想仿佛已经在其中浓厚地表现出来。

（三）社会生活

关于农业

卜辞里有许多占卜求年、受年的。"年"是"稔"的原字，指收获。在祈求其年谷的祭仪中，使用很多动物牺牲，有关的辞例也颇多。由此可知，殷代的经济处于以农耕为主的阶段，但畜牧仍以相当的规模在进行。关于这些生产方面的活动，恐怕举行过许多祭祀和咒的仪礼吧，但其具体情况几乎不得而知。卜辞里所见的大致属于公共的仪礼，以定型式的表现记录下来。例如：

求年于河（河神），況……燎三羊（羊之牺牲），卯三牛，宜羊？

辛亥卜，吉（贞人名）贞："求年于岳（岳神），燎三小羊，卯三牛？二月。"

丁丑卜，宾贞："求年于上甲（祖神名），燎三羊，卯三牛？二月。"

祭祀河、岳之神及祖神上甲，火燎牺
牲，沉入水中，或将牺牲割裂刈杀，或
举行削取牲肉之仪。这些祭祀主要是为
农耕的水旱之事进行必要的祈求。火燎
牺牲是因为相信这些神在天上。对河神
则另外举行将牺牲沉入水中的仪祀。

　　"卯"牺牲是将牲体一分为二，
"宜"是切割牲肉、切出大块的肉。
"卯"多用牛，有时也用羊。再如：

　　　丁子（丁巳日）卜，业燎（火
　　燎后供奉）于父丁（祖王名）百
　　犬、百豕，卯百牛？

马王堆锦帛
天上与地上、地下

有时宰割很多头牛。作为所用牺牲的预备仪礼，还有
将众多牺牲预先洗净的仪礼，称之为"曹"。卜辞中
也有"曹千牛"的例子。

　　所谓"卯"牛，是类似"簸"牛的牺牲方法。
"簸"是"疈"的假借字，"疈"指把皮磔开。大傩时
打开犬皮张贴城门称是"疈辜"，即是其方法。这种疈
牲的方法，在卜辞里限于牛。如：

　　……彭（以酒清洗之祭典），大事（祭）于
　　丁（神名），簸一牛？

卜文

在卜辞中，有关农耕的祭祀仪礼使用很多的动物牺牲。这样的供牲，如闪米特人的动物牺牲那样，在起源上大约与农耕有联系吧。关于闪米特人的供牲，史密斯的《闪米特人的宗教》（岩波文库本）后篇中有详细论述。

牛鼎

在殷代青铜器花纹中，附加牛头，或者具有牛角状角饰的兽面文之类颇多。这岂不是由于牛作为牺牲不仅为了祭礼飨宴，而且具有以刺激大地生产力为目的的农耕仪礼的意义吗？这些供牲的例子大多出现在二月，也与农耕开始时期一致。

在农耕仪礼上伴以歌舞的事例也很多，其遗风恐怕保留在"年"（见图㉗）和"委"（见图㉘）的字形之中吧。"年"在《说文·七上》中解作"谷孰也。从禾，千声"，作为千的形声字。但在甲骨文所见的数百个字形之中，下部作千形的连一例也没有；在金文中，直到列国时期才出现下部装饰性地加上肥点的字形。

㉗   ㉘

近代的研究者多半不满足于《说文》的解释。叶玉森认为，"人"的部分是禾的根茎形，或是人将刈割的大束谷物放在头上运送的形态。董作宾认为，列国时期金文该字的下部是"壬"，是与"人"同样的形声。但我认为，这个字恐怕是人扮作稻魂的舞蹈形态，因为采取同样造字法的"委"，下部是个女人；"年"和"委"在字的构造上相对，在字义上也有相对之处。

《诗经·周颂·载芟》大概是咏唱用于庙祭之神谷的耕作。这种神田耕作要由许多侍奉者共同进行，同时它在仪礼方面的古仪形式也可能是因其祭神性质的耕作而传承下来的。这首诗的开头是：

> 载芟载柞，其耕泽泽。
> 千耦其耘，徂隰徂畛。

神田可能是新开垦的。出动一千组耦耕者，从事紧张的劳动。这里所产的新谷，"为酒为醴，烝畀祖妣，以洽百礼"，全部用于祭祀。唯物史观的论者把这一千组的共同耕作解释为全部由奴隶组成的集体劳动。但是，必须注意这首诗属于周的宗庙歌——《周颂》，不应看作一般的生产形态。

这首诗在以族长为首的许多有关人士（大约是参加祭神工作的人）临场之后，接着有如下一些不可思议的诗句：

> 有嗿其馌，思媚其妇，有依其士。
> 有略其耜，俶载南亩。

高田真治氏的《诗经》（汉诗大系本）认为这是"家妇一同送

饭。夫爱妇，妇亲夫，相互慰劳的和睦光景"，但这首诗并非咏唱日常生活情态的，而是咏唱神田耕作仪礼的。

农耕仪礼具有刺激大地生产力的意义，大多伴随性方面的模拟行为，在我国也可以发现不少遗存。这种情况广泛流行于稻田地带，如宇野圆空氏的《马来西亚的稻米仪礼》（昭和十六年，1941年，东洋文库论丛）等书，举出许多事例。这恐怕是古代的遗习保留到今天的吧。若从古代文字的构造来考虑，"依其士"是"年"，"媚其妇"是"委"，都是表示领受稻魂而进行性的舞蹈的男女姿态。

后汉刘熙的《释名·释天》依据音义说认为，"年"是"进也，进而前也"。而"依其士"的"依"则如依依、依违那样，含有思恋的意思。它与同样表示领受稻魂而起舞的女人的"委"是对应的，后者如委蛇、委移那样，描绘柔软地弯曲身体的姿态。大概由于以上二者所做的模拟动作，然后"有略其耜，俶载南亩"的耕作才开始吧。而且，这种古仪在这首诗所歌咏的时代里业已被称为"振古如兹"。大约农耕形成于殷，在以农耕文化为背景制造文字的时代，这种男女舞蹈的古仪已经流行，在"年"和"委"的字形之中保留下来的。

闪米特人的动物供牲盛行与东南亚式的农耕模拟仪礼，在这里同时存在。关于它的原因，又构成一个新的问题。

关于狩猎

卜辞里多次提到畋猎，特别是在后期，似乎经常在畋猎地进行游猎，但王室和贵族之间的游猎不能认为具有生产上的意义。殷已经处于相当高度的农耕阶段，这从自然神和祖先神的整个祭祀体系来看也是显而易见的。

那么没有生产意义的狩猎是作为游猎进行的呢，还是有其他的目的呢？我国从前有誓狩、药狩①等习俗，誓狩的目的是占卜。《古事记·仲哀天皇》里有如下一段故事：

> 息长带日卖命将还倭时，因人心可疑，便备下一只丧船，使王子乘之，并传出"王子已崩"之消息，向上方而来。香坂王、忍熊王闻之，欲于途中袭击，便来至斗贺野，以行誓狩。香坂王攀上枥树。一头发怒野猪奔出，撞倒枥树，咬死了香坂王。其弟忍熊王不畏凶兆，仍率军出发，奔赴丧船，欲攻击此空船。于是军队自丧船而下，双方展开战斗。

忍熊王被追得无路可走，由于使用诈谋一时摆脱危机，但旋又遭到猛烈攻击，于是乘上船去，口赋如下一歌而死：

> 朋友啊，勿受振熊重创；
> 莫若鸤鸟，潜入淡海之湖。

这是以誓狩失败告终的例子。与《日本书纪》的记述颇为不同，

---

① 每年阴历五月五日来到山野采取药物的例行活动。——译注

恐怕《古事记》是和珥氏传承的古老形态吧。

在古代贵族所进行的狩猎里，似乎具有这种誓狩意味的颇多，也有时像"安骑野冬猎"那样，在特定条件下具有受灵继体的意义（《初期万叶论》第四章）。狩猎有时被赋予极其重大的意义。

如果从王的一系列行动中研究中国古代的狩猎，卜辞仍然提供了最为具体的资料。如武丁的舌方征伐和帝辛的东方远征，董作宾的《殷历谱》将它的日谱复原编成，可以探讨在其军事行动中所进行的狩猎的意义。现从《武丁日谱》（《殷历谱》下编，卷九）二十九年部分摘引数条如下：

（七月）癸未（六日）卜，殷贞："旬（以下十日）亡囚？"王固曰："出祟！其出来鼓，三至。"九日辛卯，允出来鼓，自北。蚁，妻姄（人名）告曰："土方（北方外族）牧我田（农民），十人。"

癸卯（二十六日）卜，殷贞："旬亡囚？"王固曰："出祟！其出来鼓？"五日丁未，允出来鼓，□御，自弓，围六人。

（八月）癸亥（十七日），卜殷贞："旬亡囚？"王固曰："出祟！"五日丁卯，王兽敝（地名），祝（人名）车马□，祝坠在车。畢（人名）马亦□（畢亦作壹）。

乙丑（十九日）卜贞："翌丁卯，王其兽敝录（麓）禽？"八月。乙丑卜贞："翌丁卯，其兽敝录，弗禽？"

　　这次远征始于二十九年三月舌方来寇，其间虽有所中断，但也继续到三十二年十二月。二十九年八月的敝麓狩猎，是在七月十六日舌方侵犯殷都东鄙后，殷即将开始军事行动时进行的。这大约具有誓狩的目的。当时有异变，只好采取静观态度，以待时机攻击舌方。王的亲征是在第二年——三十年八月对于河、山以及上甲以下的祖神普遍进行祭祀，并且报告此事之后，即从八月癸巳"贞：王征舌方？"开始。

　　帝辛的东征是波及沿海的大远征，如上所述，每经一地都要举行"步""践"之类的仪礼。在途中，似乎也举行誓狩式的狩猎。例如：

　　　　戊戌（日），王蒿（地名）田，□文武丁祢。王来征□□（尸方）。

鹿头刻辞

　　这大约是文武丁之子——帝辛东征时，以其所得之鹿祭祀父亲吧。再有，"己亥（日），王田于□。……在九月，隹王十祀（年）"，也是当时的东西。刻在这个鹿头上的东西，从小屯的洹水北岸约隔百米处一同出土。似乎是将征战途中的祖祭用品原封不动地带回都城的。大概是这个在誓狩中获得的东西作为咒物达到了"誓"的目的，才保存下来的吧。

在誓狩时，先要进行占卜，询问能否成功，如："丙子卜：'王获？'允获兕一。"

像这样得到的猎获物，要献给祖祭，并特意刻辞记录其旨，有时则作为重要宝物赐予。

> 壬午，王田于麦（地名）录（麓），获商戬兕。王赐宰丰（人名）寝（庙）小䈆贶。在五月。隹王六祀（六年）肜日（特定之祖祭名）。

卜文

这段辞刻在兕骨上保存下来，是作为具有咒能的纪念品赐予的。这种赐予，在当时意味着灵的分享。

关于战争

卜辞关于征伐的记载颇多。其中多数属于祭祀神灵祈祷祐助，以种种有关咒的行动祈求胜利的，但几乎没有涉及其结果。其中对异族的占卜大部分是"贞：光获羌？"之类的，对羌进行一种捕获战争。因此，许多采取古代奴隶制说的论者认为，这些羌人是奴隶的来源。

卜文 获羌

不过，罗振玉将羌解释为羊，郭沫若将羌解释为苟（狗），而不视为人。这是因为羌与牛羊一起用于牺牲的例子很多。在卜辞里，关于羌有"来羌"（带来羌）、"携羌"（带来羌）、"又羌"（以羌为牺牲）、"用羌"（杀而以其牲血祀之）、"伐羌"（杀羌）、"宜羌"（削羌之肉）、"追羌"、"先羌"（以羌为先导）、"逆羌"（迎羌）等语例，其中用羌、追羌、先羌、逆羌应是对人而言的，所以羌无疑是指羌族。《说文·四上》将"羌"（见图 ㉙）解作"西戎，牧羊人也"。[1] 大约是指当时在河南西部丘陵地带进行游牧的种族吧。这个字有的加辫发形，好像与后来的藏族同系。

㉙

古代的战争如果不是为了侵略领土、发展经济或获得奴隶，其目的便是为了维护他们视为神圣的某种宗教权威吧。因而，获羌也如用羌、伐羌等许多例子所表示的那样，是以把异族用作牺牲为目的。用于所谓杀殉、断首葬的，便是这个种族。

伐羌、又羌之例甚多，其数目有时达到三十羌、五十羌、一百羌。如：

丁未卜："彫，宜伐百羌？"

乙子（乙巳日）贞："丁未父丁伐羌三十，卯三□？"

癸亥卜："于宗咸（圣所名）又（侑）三十羌，岁一牢？"

---

[1]　《说文解字注》中所记原文为"西戎，羊穜也"。段注云："各本作从羊人也，《广韵》《韵会》《史记》索隐作牧羊人也。"——译注

这类例子很多。在宜羌的例子中，如：

> 癸酉于义京（军门名）宜羌三人，卯十牛。右。
>
> 己未于义京宜羌三，卯十牛。中。

这些大多用于军门。"京"是表示搜集战场的遗弃尸体，用涂料封住，筑成拱状军门的字；引文句末的右、中是三军编成的左、中、右部队名。为了祭祀军门，将三个羌人和牛分别劈开用之。这种使用牺牲的方法，其后很长时间仍然流行。春秋时期将山西的狄人——长狄乔如抓获，在鲁国城门埋其首级，将其弟荣如的首级埋在齐国周首北门（《中国古代文化》已经提过）。这都是为了保卫胜者的神圣，而使用败者的咒能。

战争总之是宗教威力的优劣之争，所以一战胜敌人就要采取使敌人失去咒力的措施。由于其咒力行使者是女巫，即所谓媚女，所以首先杀之。表示的字是"蔑"。在军门表彰军功，则称为"歷（歴）"。因之，论功行赏称为"蔑暦"。这个词在西周金文中多次使用，被认为词义不明。我的"蔑暦解"（《甲骨学》第四、五号，1956年10月）第一次试图从文字学上解明其词义。

"蔑"也有时加禾字形（见图㉚），蔑、麻、歷、暦都包含禾的形状。这个禾形是什么呢？必须要搞清楚。

"休"（见图㉛）的古字形也从禾。其原义是光荣和恩宠。在金文里，受天子恩赐时称"受天子休"。关于休字至今尚未出现正确的字形解释尝试，因为其字形中的禾代表军门这一点，尚未为人所知。

军门立着两根禾形的柱（见图㉜）。军的正门称为“和”（见图㉝）。《周礼·大司马》中有“以旌为左右和之门”，郑玄注曰“今谓之垒门。立两旌以为之”，但原来立的是在神杆上附加侧木的禾形木。在那里讲和，而所谓“和”是在军的正门盟誓。因之，“禾”与盟书的“ㅂ”合在一起构成“和”字。

“休”意味着光荣，无非是因为在其军门之前表彰人。郭沫若认为，休是军队休息，军队休息时也不避免在禾（农作物）之上，当然不过是随便一想。文字建立于严密的规则之上，属于这个系统的禾字是神所降临的神杆。因此，既有将它立于“京”那样的军门之上的（见图㉞），也有立于军社之前的。华表也出于此。

㉚　㉛　㉜　㉝　㉞

“厤”（见图㉟）是立于庙门前的双禾形，在这里报告军功，这就是经历的“歷”。蔑曆的“曆”（见图㊱）下部作“曰”。“曰”是收纳致神祝词的容器，所以指在神前报告、旌表。蔑曆是旌表军功之意，我觉得无论从其字形解释来说，还是从金文用例来说，都是难以动摇的。在古代，战争是为保卫其光荣、维护其守护灵之神圣而进行的。

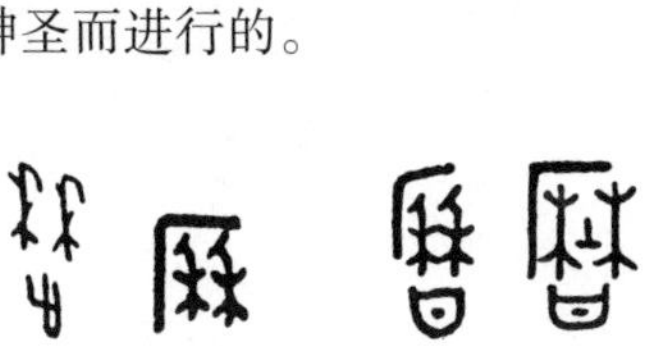

㉟　㊱

第六章

语部与巡游者

（一）语部的文学

贵族流离谭

唐代韩退之的《进学解》评《左传》的记述为"浮夸"，即荒唐之言颇多。《左传》详细记述了鲁国年代记《春秋》中的事实关系，包含许多历史性的事实，在史实上较之《春秋》三传中的《春秋穀梁传》《春秋公羊传》远为详尽，作为今天考察春秋时期情况的资料当首推此书。但韩退之评论"左氏浮夸"，这恐怕是因为在其原材料之中包含许多古代语部所传承的故事性的东西吧。

在《左传》的原材料之中，与现在《国语》所保存的各国语部所传承的有很多一致之处，而《国语》如《史记·太史公自序》所说，"左丘失明，厥有国语"，是左氏所传承。而"失明"是瞽史的特点。在《国语》里有瞽史、神瞽、"瞽史之记"、"瞽史记"之类的名字，其传承者是失明的语部。《左传》的记述包含了大量由语部而来的材料，从儒家合理主义立场来看就会感到"浮夸"吧。

可是，《左传》的记述并非都是语部性质的。《左传》的原材料显然也包含编辑时可利用的外交文书与盟约文书之类，所谓"勋在王室，藏于盟府"（僖公五年），"载在盟府，大师职之"（僖公二十六年），"夫赏，国之典也，藏在盟府"（襄公十一年），载书如"藏在周府"（定公四年）、"吾视诸故府"（定公元年）那样记载着。

《左传》里被评为浮夸的部分，大体上可以认为是语部系统的东西。作为春秋五霸之一，继齐桓公之后形成霸业的晋公子重耳，即其后的晋文公的故事等，也可以视为具有丰富故事因素的贵族流离谭。

晋献公虽姓姬，但违反同姓不婚的戒律，爱上犬戎（山西外族）的狐姬并生下二子。公子重耳被派守备边境，听取谗言逃亡国外。重耳娶隗姓之女季隗为妻，约定二十五年后再会，带上数名从者出国。

首先奔赴卫国，没有受到任何招待。在五鹿食物断绝，向农夫求乞。农夫视之为流浪者，投以土块。公子怒而欲惩罚农夫，从者子犯曰"天赐也"，接受其土。五鹿之"鹿"通"禄"，是吉祥词，"土"则意味着领土，都是上天赐地为禄的启示。这是子犯为农夫所作的"改言"[①]，犹如天照大神在高天原为须佐之男命[②]的乱暴行为——"颁诏正言"[③]所作的一样。

继之东抵齐国。齐桓公自己也曾亡命国外，便优待公子，

---

① 在日本文化中，用以表示对某事重新解读并加以宣告。——编注
② 天照大神和须佐之男命都是日本古代神名。——译注
③ 意同改言，但解读与宣告者为神或天皇。——编注

使女儿姜氏为其妻子，并赠二十乘之车马。公子心满意足，放弃四方之志，准备做长者婿。从者为将公子引往国外，密议于大桑树下。采桑女在树上窃听之，但姜氏杀其女，使公子醉酒，命从者将他带走。公子得知谋划，估计子犯为其主谋，挥戈追赶，但最终继续巡游诸国。

在曹国，共公听说公子是骈胁，窃视公子沐浴，行为无礼。共公之臣僖负羁为妻所劝，给公子送大盘食物，并在其中藏璧。公子知其好意。后来文公攻曹时，命保护其邸以报之。

到宋国，正是"宋襄之仁"名扬四海的襄公时代，得车马二十乘。抵郑国时，却未受到礼遇。郑国姓姬，晋国如果确实姓姬，理应得到同姓待遇。可见所谓晋国姓姬，不是也和犬戎、骊戎等称姬姓同样吗？

一行向南入楚。楚成王大加款待，但在席上问公子回国后如何报恩。公子回答，没有什么值得奉送的礼物，如果不幸在战场上相见，其时将退避三舍（九十里）以表敬意。楚国君臣惊其豪胆。后年城濮之战（前632年）时，果然如约而行。

随后入秦。秦穆公也是五霸之一，将其五个女儿许给公子。其中之一的怀嬴，后为正夫人。与穆公缩宴时，互赠诗篇，公子愿奉秦为朝宗之国，穆公则希望公子成就霸业。由于采用《诗经》的部分诗句，故称断章赋诗。这是传承《诗经》的乐师、瞽史之所为，表明他们当时仍是语部。

公子亡命十九年后，受到穆公援助得以归国，成为文公。临近国境黄河时，子犯突然将璧还给公子，向公子告辞。亡命期间，他对公子复位最热心，所以过分的举动也最多。但公子发誓"所不与舅氏（指子犯）同心者，有如白水"，将其璧投入河中。璧之赐予含有分灵的意思，将其献神则表示没有异心。不久公子归国成为文公。

文公对长期追随左右的从者论功行赏，但从者之一的介子推不求赏赐，隐居山中。称公子的成功是天命，从者没有值得夸功的理由。文公不得已，在他入山的绵山之畔赐田祀之。

介子推的故事在《庄子·盗跖》和《韩诗外传》卷七中，成为所谓寒食的断火、改火之节日的起源传说。据说因为子推隐居山林不再现身，文公为使其下山而放火烧山，子推抱树而死。于是规定三月五日为断火日。这可以视为事物起源的传说。

重耳的流离谭在《国语·晋语》中也有记载，不过似乎润饰较多。这个故事本来无非是要通过其公子时代的流离谭说明文公的霸业，而在形态上则属于贵族流离谭系统，是中国最古时期的创作。

巫史之学

《左传》被评为"浮夸"，不仅由于它的记述中含有语部性质的传说，同时也由于巫史卜祝之徒所传承的神怪故事甚多。在巫史卜祝之徒中间，也有许多由于职业关系口口相传的古老传说。因此，《左传》关于神话与氏族的古老传承的记述也不少，如以认为是鸟图腾之传承的鸟为官名的郯国，以云为官名的黄帝氏，以水为官名的共工氏，以龙为官名的大皞氏等（昭公十七年），都作为郯子的话加以记述。而且，神话往往作为神话性质的事实出现在眼前。

郑国的子产出使晋国时，晋侯正在卧病。韩宣子（晋国卿大夫）问子产晋侯生病的原因是什么，子产答道：

> 昔尧殛鲧于羽山，其神化为黄熊，以入于羽渊，实为夏郊，三代祀之。晋为盟主，其或者未之祀也乎？

韩宣子急忙命人祭祀夏郊，晋侯的病于是略显平复（昭公七年）。

与此类似的故事也出现在昭公元年条里。晋侯病时，郑伯派遣子产前去慰问。晋国叔向问子产道，据卜者说晋侯的病是实沈、台骀之祟，但史官之中无人知道这些神，请问他们是什么样的神呢？子产答道：

> 昔高辛氏有二子，伯曰阏伯，季曰实沈，居于旷林，不相能也，日寻干戈以相征讨。后帝不臧，迁阏伯于商丘，主辰，商人是因，故辰为商星；迁实沈于大夏，主参，唐人是因，以服事夏、商。……由是观之，则实沈参神也。
>
> 昔金天氏有裔子曰昧，为玄冥师，生允格、台骀。台骀能业其官，宣汾、洮，障大泽，以处大原。帝用嘉之，封诸汾川，沈、姒、蓐、黄实守其祀，今晋主汾而灭之矣。由是观之，则台骀汾神也。

参之类的日月星辰神当雪霜风雨不合季节时，汾神之类的山川神当水旱厉疫时，要进行名曰"禜"的祭祀，以被除不祥。但这些不掌晋国的诸神，不会危害晋侯。晋侯的病是因为他的日常生活失去节度，尤其是收纳同姓女子所致。当时晋侯后宫有四个姓姬的女子，生病的原因是触犯了同姓不婚的禁忌。

晋国又向秦国求医，秦国派来医和。医和认为，此病是由于"近女室，疾如蛊，非鬼非食，惑以丧志"，失去养性之节成为心身丧失之因，要求"近琴瑟以仪节"。音乐以其调和的机能使人之机能失调得以恢复。天之六气分而成四时，序而成五节，降而成五味，发而成五色，征而成五声，淫时则生六疾，即"淫则生内热惑蛊之疾"。

这些故事似乎都是作为号称"博物君子"（昭公元年）的子产的传说，经巫史之徒流传下来的。再有，昭公十年条记载，郑人裨灶观岁星（木星）的样子，预言七月戊子日晋侯病故，并将此事告诉子产。上述两个故事仿佛本来是裨灶的，却假托于子产。裨灶于襄公二十八年还曾由星宿之异变卜出周王与楚子之死，此外尚有其他一些类似的传说。

晋国也有像师旷那样由乐声预知胜败吉凶的瞽师，但由岁星来占卜的占星术似乎盛行于郑国。从晋侯生病招请秦医来看，新式医学是从西方秦国传入的。这种医术大约是以阴阳五行为理论根据，主张治疗因心身失调所致疾病，要采用以琴瑟之类的音律恢复其调和机能的方法。这在后来如枚乘《七发》那样的振魂式地恢复心身机能的言灵文学中得到发展。

在语部的传承中生存的巫史世界，通过古代神话与占星术、医学与自然哲学的新结合，将要产生古代的学术。而站在人文主义的高度加以完成的，则是孔子。《左传》记载，孔子对子产之死惋惜地说过："古之遗爱也。"（昭公二十年）但子产莫如说是对禈灶之类的巫史学从人文主义立场加以批判的人。

志怪之书

在语部性质的巫史之徒渐次将其学说系统化的背景中，也要考虑到中国早已产生文字，巫史由于职务关系掌握了文字知识，在他们的上层部分形成了知识社会的情况。可是，在其下层社会，原始咒术的观念依然处于支配地位，神怪故事和占梦等仍然流行，幽灵故事之类也有时登场。《左传》被评为"浮夸"，主要是指这些部分。

所谓幽灵故事也并非关于灵界消息的深刻故事，仅仅属于无稽的变化之类。庄公八年有如下一段故事：齐襄公曾以不实之罪杀公子彭生，冬十二月游姑棼，在贝丘狩猎时，突然出现一只巨大的野猪。从者嚷道"公子彭生也"，齐侯怒曰"彭生敢见"，以弓射之，野猪"人立而啼"，公大惊从车上落下。急忙返回宫时，为早已对公怀有不满的叛乱者所杀。其中也并没有如我国怒猎那样"誓狩"的因素。这就是野猪变化的故事。

宣公十五年有如下一个幽灵故事：秦桓公攻入晋国时，晋国魏颗败秦军于辅氏，俘虏秦国以大力士著称的杜回。擒获大力士这件事是由于幽灵的帮助。原来，魏颗之父魏武子卧病时，曾命侍妾在自己死后改嫁，但当他陷入危笃时，又命殉葬。颗认为父亲精神正常时的命令是本意，便使其侍妾改嫁。颗在战场上见一老人在结草，杜回被这些草绊倒成为俘虏。当夜，老人在颗的梦中出现，自我介绍道"余而所嫁妇人之父也"，特来报答使女儿再嫁之恩，随即消失。

结物，一般是咒饰；结草，在我国是向神祈祷的预祝行为。例如：

> 君寿同吾寿，安知一样长，
> 神山磐代上，结草寿无疆。　卷一，十

> 深山岩下草，根底抑何深，
> 结合多恩爱，难忘是此心。　卷三，三九七

> 妹门不许过，结草作标记，
> 风勿草吹开，我将回顾视。　卷十二，三〇五六

中国古俗里好像也有结草预祝，但诗篇中只记有采草的风俗。这里是为诅咒而结草，而以香草缠身在《楚辞》中则多有所见。

在这个幽灵故事里，变成在战场亲眼看见结草老人，老人在梦中说明事情原委。占梦的故事在《左传》里也很多。城濮之战（僖公二十八年）时，晋文公梦见与楚子扭作一团仰面摔倒，楚子吸吮自己的脑髓。文公认为是不祥之梦而感到恐惧，但子犯禀道：晋公仰面是朝天，楚子则俯卧朝地，因而是胜利的预兆。这很接近在五鹿被投掷土块时的"改言"。仰身、俯身

也许与当时的葬法观念有联系。

另一方面，这时统率楚军的令尹子玉也做了一个梦。河神在梦里出现，向子玉要他做好但尚未使用的琼弁玉缨道："畀余，余赐女孟诸之麋（猎场）。"子玉不给，因而败北。玉的授受意味着灵魂的关联。

这些是传说性质的东西，或许由语部所传授。关于占梦，在《周礼》中有"大卜"和"占梦"等官。在《汉书·艺文志》的杂占中录有《黄帝长柳占梦》十一卷，《甘德长柳占梦》二十卷，《祯祥变怪》二十一卷，《人鬼精物六畜变怪》二十一卷，《禳祀天文》十八卷，等等，合计共有十八家三百一十三卷文献。

在《左传》所记载的兽类之中，以龙最多。庄公十四年，在郑国南门中内蛇与外蛇相斗，内蛇死去。这是郑子及其二子将被傅瑕所杀的前兆。昭公十九年，在郑国见龙斗于时门外之洧渊，国人恐惧，要求举行名曰"禜"的除祟祭祀，执政者子产不许。他的理由是："我们斗，龙也不看；龙斗，我们也没有必要看。"子产连变化莫测的神龙也敢于无视。

双龙相斗

昭公二十九年秋，龙出现于晋都绛之郊外，魏献子为此询问蔡墨，蔡墨告之以豢龙氏、御龙氏的传说，上文已经提到。蔡墨又被称为史墨，是祝史之徒。《韩非子·说林上》记有鸱夷子皮和田成子的故事。鸱夷子皮是越王勾践之臣范蠡自越亡命时的名字，意思是亡命者。鸱夷子皮侍奉齐国的田成子。当田成子自齐亡命赴燕时，子皮背负行李跟随。容貌漂亮的主人和丑陋的从者，谁看见也会认为是普通的逃亡者。于是子皮想出一计，说道：

> 子独不闻涸泽之蛇乎？泽涸，蛇将徙。有小蛇谓大蛇曰："子行而我随之，人以为蛇之行者耳，必有杀子者。子不如相衔负我以行，人必以我为神君也。"乃相衔负以越公道而行。人皆避之曰："神君也。"今子美而我恶，以子为我上客，千乘之君也。以子为我使者，万乘之卿也。子不如为我舍人。

因此，田成子背上行李，跟随子皮。"至逆旅（旅馆）。逆旅之君待之甚敬，因献酒肉。"这个两蛇相衔是所谓寓言。

谷川健一氏认为，民俗即"人与神、人与人、人与自然生物三者间之关系学"（《神、人、动物》）。当三者关系以神性的东西为媒介联系起来时，即是民俗性质的。可是，寓言的世界并不如此。动物舍弃它的神性，依靠愚蠢人类的智慧来活动，不以神性的存在为媒介，而是以人性的东西为媒介，观察人，批判人，否定其现有状态，于是寓言产生。寓言产生于对古代专制者的批判和抵抗。古代的志怪故事[①]作为思想家之思想表现手段，与寓言走向融合。

---

① 指上文所谓无稽变化一类的单纯故事。——译注

志怪之书至六朝广为流行。志怪一词出自《庄子·逍遥游》"齐谐者，志怪者也"，六朝时也出现名为《齐谐记》的故事书，而祖台之《志怪》、孔氏《志怪》、殖氏《志怪记》与曹氏《志怪》之类称志怪的书颇多，张华的《博物志》、作者不明的《玄中记》等也收集志怪异闻之类。鲁迅称六朝小说为志怪小说，在《古小说钩沉》中试图集录有关遗文。其后，志怪也作为中国故事的中心，产生了极其众多并且富有特色的故事，但这些大致应当算作文学史方面的课题吧。

（二）采桑女

生命之树

"桑"是神树。《说文·六下》以"叒"为其原形字，所谓"日初出东方汤谷，所登榑桑，叒木也。象形"。把这个字作为桑叶的象形。但这个字形在甲骨文、金文中没有出现，在《说文》作为正字举出的形状是"若"字，"榑桑叒木"是"扶桑若木"，即太阳所登之树。《楚辞·离骚》所谓"折若木以拂日"，表示若木对太阳而言是振魂的神树。

桑是神树，神大多生于其空洞中。关于殷的圣职者、救助汤的伊尹生自空桑的神话，我已经说过了（见《中国古代文化》第五章）。汤在连续达数年之久的大旱时，根据巫祝王的传统，亲赴桑林之社祈祷，坐于积薪之上准备自焚的故事，也在同一章说过了（同上书）。殷灭亡后，其子孙所建的宋国有桑林之社，被当作圣地，在《吕氏春秋》的《顺民》篇、《慎大》篇以及《尚书大传》中都有所记载。这块圣地极其广大，从《墨子·明鬼下》中以宋的桑林与燕的祖泽、齐的社（稷）、楚的云梦并列也可以想见。

桑林是圣地，在那里举行歌舞，拥有许多巫女，并且举行授子活动。也可以认为，不仅在宋的桑林，在一切有桑树的圣地都存在这类信仰和习俗。据说孔子的父亲叔梁纥原本没有儿子，在鲁国尼山祈祷后孔子才出生，但《史记》记载与颜氏女子野合生下孔子。唐代《艺文类聚》卷八十八所引《春秋孔演图》是后汉时的纬书，难以相信，据说孔子的母亲征在于大冢坡上睡觉时，与黑帝之灵相交合，黑帝之灵对她说过"女乳（产子）必于空桑之中"之后离去。于是，孔子生于空桑之中。这是与伊尹相似的出生谭，而伊尹的故事伴随着洪水传说，显然是神话。

始祖出生故事也有许多与桑树有关。夏朝始祖禹，在《楚辞·天问》里被描写为"焉得彼涂山女，而通之于台桑"。《艺文类聚》卷八十八所引纬书《春秋元命苞》也说，"姜嫄游闷宫，其地扶桑，履大人迹，生稷（后稷）"。《诗经·鲁颂》有《闷宫》一首，闷宫即宋之祺宫，是举行请子之礼的地方，所以这个姜嫄故事大约是根据闷宫之神——殷简狄的故事吧。

这些始祖故事中所出现的被神化的桑树，大概就是《山海经·中山经》里的"帝女之桑"吧。晋代郭璞注里有"妇女（帝女）主蚕，故以名桑"的话，但这不能成为名叫"帝女之桑"的理由，殷代已有蚕桑的知识，由蚕的字形可以弄清它的品种，也可以了解桑叶的象形字。

桑被当作请子的圣树，是因为将它看作阳树。如果加之以阴树，则将破坏它的神圣，成为妖祥。据《史记·殷本纪》记载，太戊时，伊陟为相，有一次廷中桑穀并生，一晚之间长成一搂粗。太戊惊其异变，询问伊陟。伊陟答道，妖不胜德，故请修德。于是"祥桑枯死而去"。关于穀，《诗经·小雅·鹤鸣》中有"爰有树檀，其下维穀"，《郑笺》写道"穀，恶木也"。桑与恶木穀共生时被认为不祥，是由于太阳之树——桑的纯阳之气会遭破坏的缘故吧。

这个桑穀共生的故事，在汉刘向的《说苑·君道》《汉书·五行志》和《孔子家语·五仪解》中记为太戊时，在《吕氏春秋·季夏纪·制乐》和《韩诗外传》卷三中记为汤时，在《说苑·敬慎》和《尚书大传》中则记为武丁时，恐怕本来出于一个根源吧。如男子出生时举行手持桑弧蓬矢清净四方的射仪那样，桑本是表现阳之精的神树。据《山海经·海外东经》记载，汤谷之上有扶桑，汤谷是十日之浴所，浴后自扶桑下枝顺次上移，最终踏上天路。又称之为若木，大约是由于存在着以它为生命树、不死树的信仰。甲骨文的桑字是象形，这个系统的字中，有在其枝间加上许多祝告器，即凵的，见图①。似乎是"噪"一类的字。若在我国，应当加在榊枝上。

①

桑中之会

桑社、桑林的信仰大约始于殷，但它也扩及夏朝涂山之女和周朝姜嫄的故事，则表明其信仰不仅限于宋的桑林社，而且还在更广大的地区流行。桑林社的歌舞恐怕是作为当地对歌的风俗被固定下来了吧。诗篇《鄘风》产生于殷的旧王畿，内有《桑中》一首，第一节是：

> 爰采唐矣，沫之乡矣。
> 云谁之思，美孟姜矣。
> 期我乎桑中，要我乎上宫，送我乎淇之上矣。

这首诗三节叠咏。地点在淇水畔，与流行上巳的祓禊和歌舞的《郑风》"溱洧"之地一样是对歌场，和卫国濮水等同时作为歌舞地而闻名。因此，常有人说"郑卫之音，乱世之音也"（《礼记·乐记》），"桑间濮上之音，亡国之音也"（同上）。在淇水、濮水流域，可能有很多桑田。

《左传》记载，闵公二年卫都为狄人攻陷，僖公二年春由诸侯援助重新在楚丘建都。《鄘风·定之方中》是歌咏这次楚丘建都情景的。第一节描写建筑楚丘，周围植以榛、栗、椅（桐科）、桐、梓、漆等树；第二节写眺望国土；第三节则有如下诗句：

> 灵雨既零，命彼倌人。

　　星言凤驾，说于桑田。

这是歌咏建都的，所谓"说于桑田"，令人感到是具有特别重要的仪礼意义的行为。

　　《卫风》有《硕人》一诗，是歌咏"齐侯之子，卫侯之妻"，即卫夫人庄姜的。诗中也有"硕人敖敖（姿态的高昂），说于农郊"等语，夫人入嫁时也举行"说于农郊"的仪礼。在所谓"说于"的语例中，还有《陈风·株林》一诗，似乎是描述桑中之会的，原文如下：

　　胡为乎株林？从夏南。
　　匪适株林，从夏南。　第一节

　　驾我乘马，说于株野。
　　乘我乘驹，朝食于株。　第二节

夏南好像是有名的美女，这里用作普通名词。人们为追求她而赴株林。株林是夏南所在之处；但那里本是圣地，是为圣地服务的巫女所住的地方。宿于株林，朝食于株林。朝食不用说当然是隐语。

　　从这些诗篇可以看出"说于"的历史的一面。首先，在《定之方中》的"说于桑田"里，是具有对地灵慰抚、表敬意义的仪礼。在《召南·甘棠》里，如"召伯所茇""召伯所说"那样，是把举行仪礼的地方作为圣地歌颂。在《卫风·硕

采桑女　汉代的画砖

人》里，嫁来的夫人举行"说于农郊"的仪礼。恐怕《定之方中》和《硕人》中的"说于"桑田、农郊的仪礼，都具有祈愿生殖的意味。桑林歌舞是其对歌化的存在，而"说于株野""朝食于株"则可以说是其颓废的形式。于是，桑林成为男女幽会的场所，成为追求桑中之乐而相会的场所。在这种背景之下，传说故事中的采桑女便登场了。

在采桑女的故事中，有汉刘向《列女传》卷八里晋国大夫解居甫的故事，《列女传》卷五里鲁国秋胡子之妻洁妇的故事，《宋书》卷二十一、《玉台新咏》卷一、宋人郭茂倩《乐府诗集》卷二十八《相和曲下》里《陌上桑》罗敷的故事等。

解居甫的故事是诗篇《陈风·墓门》的解释故事，因之《列女传》所取的是三家诗中的鲁诗说，即所谓"取《春秋》，采杂说"（《汉书·艺文志》），其作为故事，之后倒并没有进一步发展的形迹。

秋胡的故事除《列女传》外，《西京杂记》卷六也有记载。《列女传》中，秋胡子娶妻五日赴陈为官，五年后回家途中，为路旁采桑女之美所吸引，下车搭话，但女方不受黄金之诱，声明家有老父老母，身为有夫之妇，予以拒绝。秋胡子回到家里一看，刚才路旁的采桑女正是自己的妻子。妻子耻于丈夫的轻薄举动，向东跑去，投河而死。

　　这个故事在乐府《秋胡行》(《乐府诗集》卷三十六）中加以歌唱，魏晋文人也竞相吟咏，宋颜延之的《秋胡诗》(《文选》卷二十一，《玉台新咏》卷四）尤为长篇大作。敦煌文物中有《秋胡变文》，元曲里也收入石君宝的《秋胡戏妻》一曲，《桑园会》①是后日增添而成的。《陌上桑》也与此异曲同工。这些古乐府恐怕是由巡游者式的歌妓广为传诵的吧。

陌上桑

　　《陌上桑》又取其首句名为《日出东南隅行》，又由曲中女子名字名为《艳歌罗敷行》。《宋书》卷二十一《乐志三》的大曲载有"《罗敷》《艳歌罗敷行》 古词（三解)"，《玉台新咏》卷一、《乐府诗集》卷二十八《相和曲下》也有收录。《乐府诗集》引晋崔豹《古今注》如下：

　　　　《陌上桑》者，出秦氏女子。秦氏邯郸人，有女名罗
　　　敷，为邑人千乘王仁妻。王仁后为赵王家令。罗敷出采桑
　　　于陌上。赵王登台见而悦之，因置酒欲夺焉。罗敷巧弹筝，
　　　乃作《陌上桑》之歌以自明。赵王乃止。

这与现存古辞《陌上桑》多少有些不同，也许有过原歌。《乐府

──────────
① 此处指的是京剧《桑园会》，剧情最后有所改变，妻子在秋母的劝说下与丈夫和解。──编注

诗集》又引《乐府解题》如下：

> 古辞言罗敷采桑，为使君所邀，盛夸其夫为侍中郎以
> 拒之。与前说不同。若陆机"扶桑升朝晖"，但歌美人好
> 合，与古词始同而末异。又有《采桑》，亦出于此。

这与现存古辞相合。《宋书》所录是在宫中演奏的魏晋乐，作为宫中乐府流传的。

调戏采桑女这个主题恐怕是很古老的吧。例如《诗经·魏风·十亩之间》：

> 十亩之间兮，桑者闲闲兮，行与子还兮。　第一节

> 十亩之外兮，桑者泄泄兮，行与子逝兮。　第二节

这显然是引诱采桑女的诗。"闲闲""泄泄"，是指不引人注目的安静的动作吧。《毛传》把"闲闲"解释为"男女无别往来之貌"，作为词义不够确切，但作为诗歌情况解释含有兴味，可称之为"桑中之喜"。

再有《豳风·东山》是歌咏苦于长期服役的防人的哀叹的，第一节有如下诗句：

> 蜎蜎者蠋，烝在桑野。
> 敦彼独宿，亦在车下。

按旧说，这两行诗都是表现服役者之苦的。但二者大约是前后相对的，蚕在桑野得其居所感到安乐，相对点出横躺在车下独寝的防人。因此，桑野一词可以解释为包含"桑中之喜"的暗示。桑有诱起这种男女之情的发想的作用。《小雅·隰桑》的第一节是：

> 隰桑有阿，其叶有难。
> 既见君子，其乐如何。

对桑叶之"阿难"①，即其柔软、鲜嫩的描写，唤起与君子交会的喜悦；而桑叶枯凋则作为爱情衰败的象征，变成悲伤的发想。

《卫风·氓》是被买丝商人欺骗的女子，背弃家人为商人所诱，遭到遗弃之后，哀叹自身轻率的诗。它采取长篇叙事诗的形式，可以称为后来乐府、古诗的先驱。其中哀乐的命运都以桑叶为象征。这个女子大概是采桑女吧。该诗第三节如下：

> 桑之未落，其叶沃若。
> 于嗟鸠兮，无食桑葚。
> 于嗟女兮，无与士耽。
> 士之耽兮，犹可说也。
> 女之耽兮，不可说也。

---

① 阿难，通婀娜。——编注

　　所谓鸠醉桑葚，女子不能这样贪吃桑葚，即不能与男子玩乐。但当她注意到时，已经迟了。所谓"桑之落矣，其黄而陨"时，女子已经面临悲惨的命运。

　　桑经常引起对女子的联想。桑叶沃若繁茂时，女子是幸福的；桑叶枯黄凋落时，女子必为悲伤的命运而哭泣。在令人联想起女子这种命运的采桑女的历史中，《秋胡行》和《陌上桑》中的女子确实是异常的。秋胡之妻悲哀，罗敷则始终是乐观向上的，从中可以感到故事产生背景的重大转换。大约传唱《陌上桑》的歌女们已经看准女子的命运，可以说是在谛观之中生活的巡游者、歌女。当古代社会崩溃之后，维系歌谣世界的大约便是她们；在我国古代歌谣的历史中，也可以这样说。

（三）巡游者的文学

邯郸倡

乐府《陌上桑》咏道：

日出东南隅，照我秦氏楼。
秦氏有好女，自名为罗敷。
罗敷喜蚕桑，采桑城南隅。
青丝为笼系，桂枝为笼钩。
头上倭堕髻，耳中明月珠。

缃绮为下裙，紫绮为上襦。

行者见罗敷，下担捋髭须。

少年见罗敷，脱帽著帩头。

耕者忘其犁，锄者忘其锄。

来归相怨怒，但坐观罗敷。　一解

这段描写在城南桑田采桑的罗敷之美。罗敷美貌夺目，人们看得出神，以致忘掉工作。因此，回到家里也引起纠纷。

使君从南来，五马立踟蹰。

使君遣吏往，问是谁家姝。

秦氏有好女，自名为罗敷。

罗敷年几何？二十尚不足，十五颇有余。

使君谢罗敷，宁可共载不？

罗敷前置词，使君一何愚，

使君自有妇，罗敷自有夫。　二解

使君正巧由此经过，马也为罗敷之美所惊而踟蹰不前。使君立即派出使者，询问罗敷意向。但罗敷面对权贵毫不胆怯，自豪地回答：我有丈夫啊。

东方千余骑，夫婿居上头。

何用识夫婿，白马从骊驹。

青丝系马尾，黄金络马头。

腰中鹿卢剑，可值千万余。

十五府小吏，二十朝大夫。

三十侍中郎，四十专城居。

为人洁白皙，鬓鬓颇有须。

盈盈公府步，冉冉府中趋。

坐中数千人，皆言夫婿殊。　　三解

　　这段天真的夸夫，赋予这首乐府曲若干滑稽的趣味。它的夸夫词可能出自类似数来宝式的祝歌卖唱。古乐府曲里本来就有这类祝歌系统的作品，如《相逢行》（又名《相逢狭路行》或《长安有狭斜行》,《玉台新咏》卷一,《乐府诗集》卷三十四）中有如下诗句：

黄金为君门，白玉为君堂。

堂上置樽酒，作使邯郸倡。

中庭生桂树，华灯何煌煌。

兄弟两三人，中子为侍郎。

五日一来归，道上自生光。

黄金络马头，观者盈道旁。

入门时左顾，但见双鸳鸯。

鸳鸯七十二，罗列自成行。

音声何噰噰，鹤鸣东西厢。

通篇如此这般罗列许多祝词，它的手法与《陌上桑》第三解部分极其相似。再者，《鸡鸣》（《宋书·乐志三》，《乐府诗集》卷二十八）中从"黄金为君门，璧玉为轩阑堂。上有双尊酒，作使邯郸倡"开始，继之有"舍后有方池，池中双鸳鸯。鸳鸯七十二，罗列自成行"，"兄弟四五人，皆为侍中郎。五日一时来，观者满道旁。黄金络马头，颍颍何煌煌"等，也都类似。这些恐怕是巡游者们祝歌卖唱的定型祝词，表明古乐府曲是这类巡游者，即乞食者所歌咏的。在这些巡游者之中，自然会有原来出自"邯郸倡"的倡妓。

上引《相逢行》和《鸡鸣》的诗句中都有"作使邯郸倡"这句。歌唱这些祝歌的人被称为"邯郸倡"。从前有燕歌赵舞之说，燕赵能歌善舞的女子很多，尤其以邯郸为其中心。《乐府诗集》引崔豹《古今注》云"《陌上桑》者，出秦氏女子。秦氏邯郸人"，秦氏相当于邯郸倡的头领。因之，《陌上桑》首句为"日出东南隅，照我秦氏楼"，表示这支歌原来是由邯郸秦氏的歌倡所歌唱的。

由此可见，这首《陌上桑》成立于古代采桑故事和秦氏祝歌卖唱的结合之上，由属于秦氏的歌倡们传唱开来的。它后来进入宫中音乐机关——乐府，作为乐府曲直到魏晋时期仍在演奏。

《宋书·乐志》还有"前有艳词曲，后有趋"等语，艳即前奏曲，趋即后奏曲，但其曲词不得而知。大概是作为宫廷乐府的演奏曲采取这种形态的吧。

秦氏女

邯郸是作为赵都繁荣起来的。自赵武灵王吸收胡服骑射之俗以来，大约也与北方诸族发生许多联系，新歌舞之类便以此地为中心兴起了。其戎服袴褶之制适于轻快的歌舞，《庄子·秋水》所载，燕之寿陵少年在邯郸学步，大约也指的是歌舞吧。另外，汉乐府曲里有短箫饶歌之类被认为是马上曲的新曲，这类北方歌曲的新风传到此地，在《诗经》以来的定型之外产生了乐府体的新形式。所谓"燕赵悲歌之士"，这种曲声好像带有悲凉之风。

邯郸倡之师家——秦氏的由来不得而知。据王素存的《姓录》，秦氏除秦室的关系外，从前鲁国有称秦氏的人，原籍出自山西太原。或者是这个秦氏进入邯郸，拥有这些歌倡的吧。《陌上桑》所说"日出东南隅，照我秦氏楼"，是其歌楼；而"秦氏有好女"，大概是指楼中的倡女吧。其中也有人入赵之后宫，受悼襄王之宠，成为幽缪王迁之母（《史记·赵世家》）。

可是，赵灭亡后，这些歌倡散落各地，沦为流浪巡游的乞讨艺人，广泛传播他们的歌曲。《相逢行》和《鸡鸣》中所谓"作使邯郸倡"便是指此。他们这时所唱的主要是祝贺歌，其词句是这些歌曲所包含的有关家门繁荣兴旺、荣华富贵的祝贺。

其后，当汉武帝在上林苑中开办乐府时，他们又以讴歌者身份进入宫中，或者进入长安狭斜的妓楼成为倡妓，寄托其薄命的生涯。《乌生八九子》（《宋书·乐志三》，《乐府诗集》卷二十八）一曲歌咏他们的命运如下：

　　乌生八九子，端坐秦氏桂树间。唶我！
　　秦氏家有游遨荡子，工用睢阳强，苏合弹。
　　左手持强弹，两丸出入乌东西。唶我！

　　这支长短句交织的不定型歌曲，大约是根据新音律制作的。加入"唶我"等衬字也是历来未见的形式。《平陵东》《猛虎行》《董逃行》《西门行》《孤儿行》等也都采用长短句的形式。寄身于秦氏桂树上的乌鸦是邯郸的歌倡，荡子在其中游遨，千方百计加以引诱。处境危险，躲开弹子也很困难。接着词句一转，进入上林苑中：

　　白鹿乃在上林西苑中，射工尚复得白鹿脯。唶我！
　　黄鹄摩天极高飞，后宫尚复得烹煮之。
　　鲤鱼乃在洛水深渊中，钓钩尚得鲤鱼口。唶我！
　　人民生各各有寿命，死生何须复道前后。

　　上林西苑的白鹿，大概是从秦氏歌楼之中挑选的女子吧。以为变为黄鹄便能够躲避一时的想法仅存在片刻之间，后宫也不是自由的世界，更不是安全的仙境。准备寄身于洛水的深渊，又立即被钓了上来。无论高飞于天际，还是沉潜于深渊，归根到底难免是薄命之徒。

　　西苑乐府于武帝死后不久关闭，许多歌妓再次成为秦氏楼中的女子。《古诗十九首》据说是中国士人最爱吟诵的，这些诗本来是歌倡所作，多数歌咏他们自己的命运。如：

> 青青河畔草，郁郁园中柳。
>
> 盈盈楼上女，皎皎当窗牖。
>
> 娥娥红粉妆，纤纤出素手。
>
> 昔为倡家女，今为荡子妇。
>
> 荡子行不归，空床难独守。　《古诗十九首》其二

这类楼中女子，似乎以燕赵人居多。第十二首的后半是：

> 荡涤放情志，何为自结束？
>
> 燕赵多佳人，美者颜如玉。
>
> 被服罗裳衣，当户理清曲。
>
> 音响一何悲，弦急知柱促。
>
> 驰情整巾带，沉吟聊踯躅。
>
> 思为双飞燕，衔泥巢君屋。

这里所唱的也是燕赵的歌女们吧。

《古诗十九首》大约是从乐府中选五言句编成的，二者的关系可以由乐府《西门行》与《古诗十九首》第十五首的比较中知之。《西门行》六解之中，收入《古诗十九首》的部分如下：

> 出西门，步念之。
>
> 今日不作乐，当待何时？　一解
>
> 夫为乐⑤，为乐当及时。

⑥
何能坐愁怫郁，当复待来兹。　二解

①　　　　②
人生不满百，常怀千岁忧。
③　　　　④
昼短而夜长，何不秉烛游？　四解

⑨　　　　　　⑩
自非仙人王子乔，计会寿命难与期。

自非仙人王子乔，计会寿命难与期。　五解

人寿非金石，年命安可期？
⑦　　　　⑧
贪财爱惜费，但为后世嗤。　六解

将①至⑩十句整理成五言的形式，则成为《古诗十九首》第十五首：

生年不满百，常怀千岁忧。

昼短苦夜长，何不秉烛游？

为乐当及时，何能待来兹？

愚者爱惜费，但为后世嗤。

仙人王子乔，难可与等期。

乐府多半为倡妓和巡游艺人所用，古诗则去其曲节，使之适于诗歌吟诵。其后不久，汉魏五言古诗的创作便由此而生。

孟姜女故事

《古诗十九首》第五首歌咏杞梁之妻的事迹如下：

西北有高楼，上与浮云齐。

交疏结绮窗，阿阁三重阶。

上有弦歌声，音响一何悲。

谁能为此曲，无乃杞梁妻。

清商随风发，中曲正徘徊。

一弹再三叹，慷慨有余哀。

不惜歌者苦，但伤知音稀。

愿为双鸿鹄，奋翅起高飞。

这首诗里的高楼也是妓楼，弹弦悲歌者也是其歌女。而作为理想女性被歌唱的，则是杞梁妻。作为理想，她们似乎只能选择这个悲剧式的人物。《乐府诗集》卷七十三《杂曲歌辞》里有宋吴迈远的《杞梁妻》，该条引崔豹《古今注》如下：

《杞梁妻》者，杞殖妻妹，朝日之所作也。殖战死。妻曰："上则无父，中则无夫，下则无子，人生之苦至矣。"乃抗声长哭。杞都城感之而颓，遂投水而死。其妹悲姊之贞，乃作歌，名曰《杞梁妻》焉。梁，殖之字也。

此外还引有《列女传》卷四、《琴操》等文。

这个杞梁妻的故事，在唐代发生了很大变化。《乐府诗集》卷七十三录有唐僧贯休的《杞梁妻》，其中叙述杞梁并非死于齐攻莒之战，而是牺牲于秦始皇长城的修筑中。

秦之无道兮四海枯，筑长城兮遮北胡。

筑人筑土一万里，杞梁贞妇啼呜呜。

上无父兮中无夫，下无子兮孤复孤。

一号城崩塞色苦，再号杞梁骨出土。

疲魂饥魄相逐归，陌上少年莫相非。

唐代流行的杞梁妻的故事，由敦煌出土的变文（说唱文学体裁）《孟姜女变文》〔见周绍良编《敦煌变文汇录（增订本）》〕可知其梗概。杞梁妻孟姜为从事修城劳役的丈夫送去准备好的寒衣，但丈夫已经死于椎杵之祸，尸骨封入壁中。孟姜向昊天悲啼，山河为之感动，长城一角倒塌，露出无数尸骨。孟姜咬指洒血，观察血渗情况，识得丈夫遗骨三百片，集而祀之。

铺尸野外断知闻，春冬镇卧黄沙里。

为报闺中哀怨人，努力招魂存祭祀。　　《孟姜女变文》

这也许反映出当时塞外仍然死者甚多的世态。

乐府里秋胡和罗敷等故事到后来仍作为文学素材存续着，而其中孟姜女的故事则除变文与元曲外，也在民谣里传唱，至今还在广东客家人中流传。曲子有《孟姜女十二月花名》《孟姜女过关》《孟姜女寻夫》《孟姜女四季叹》等。如《孟姜女四季叹》①的冬歌是这样的：

> 冬季里来雪花飞，孟姜出外送寒衣。
> 前面乌鸦来领路，喜良长城凉凄凄。

丈夫的名字杞梁，在这里变成喜良。这个故事说，为秦始皇筑城，江南松江万氏的独生子喜良也被强行拉走，传言其后在长城被用于"打生桩"②而遭杀害。但他的妻子孟姜相信丈夫平安无事，携带寒衣北上寻夫。途中历经千辛万苦，最后抵达长城。可是不见丈夫踪影，高哭三声天地为之昏暗，再大哭一声长城一角为之塌陷，终于发现丈夫面目全非的样子。

孟姜因毁城罪被拉到始皇面前，始皇为其美貌所动，下诏立为正宫第一夫人，并准赦其重罪。孟姜提出条件，首先要为丈夫修建祭庙。祭庙落成之日，在焚烧堆积如山的元宝锡纸的熊熊烈火之中，孟姜跃身而亡。

当即将结束第六章之际，特别介绍流传至今的孟姜女故事是有某种理由的。因为如第一章所述，中国的民俗学研究在起步时最先收集的民间歌谣，便是这类故事的歌咏作品。顾颉刚于民国十三年（1924年）冬在《歌谣周刊》的"故事研究专号"

---

① 此处曲名及唱词在日文原文中直接用汉字标记，与我国目前对应的曲名及唱词均有些区别。——编注
② 古代为保建筑工程顺利而把人活埋在工地里的习俗，广泛流行于东亚及东南亚，日语为"人柱"。——编注

上发表《孟姜女故事研究集》，中国民俗学会所发行的民俗学杂志也被定名为《孟姜女》月刊〔民国二十六年（1937年）一月创刊〕。其后孟姜女研究也作为民间文学资料之一，在中国的民俗学研究上占有重要地位。

但是，即使杞梁妻的故事至今仍以孟姜女传说的名义在地方民谣中传播，考察过去时代中传说的形成及其传承形态，也仍然是民间文学研究最重要的课题。值得注意的是，古代的民间文学在从乐府过渡到《古诗十九首》的时期，即后汉的后半，业已在其承继者的传统上产生了重大变动。其中，我认为在古代的东西上产生了断裂，那就是巡游者的文学成为正在兴起的士人社会的文学，以新的样式被承接了。民众的文学其后又以六朝民歌和传说文学的身份重新恢复了生气。

第七章

月令与岁时记

（一）月令的组成

豳风七月篇

人们的生活，尤其是其生产活动，与自然季节的推移有密切的关系。古代人关于生活场所——海洋、山林、田野等的知识，就季节性推移的微妙变化以及与之对应的生活方法而言，具有根据深刻体验组织起来的惊人的准确性。其间，产生了各种所谓"自然历"，建立了与自然相适应的关系。特别是在最需要依存于自然条件的农耕方面，农事历法早已产生，据此指导农耕成为当政者的重要任务。

诗篇《豳风·七月》是周的远祖公刘早年率领周族开拓过的陕西渭北豳地所流传的农事历法，以诗歌形式记录了下来。大约是在从事农业生产和举行有关仪礼时咏唱的吧。全诗分为八节，每节十一句，共达八十八句，采取以数字领节的形式，是长短句交织的长篇。

七月流火，九月授衣。

一之日觱发，二之日栗烈。

无衣无褐，何以卒岁？

三之日于耜，四之日举趾。

同我妇子，馌彼南亩，田畯至喜。 第一节

七月流火，九月授衣。

春日载阳，有鸣仓庚。

女执懿筐，遵彼微行，爰求柔桑。

春日迟迟，采蘩祁祁。

女心伤悲，殆及公子同归。 第二节

全部采用夏历，豳是从前夏系彩陶文化的繁荣地，其传统可能仍在当地保留下来。夏历七月相当于周的九月。以火星位置表示季节是星象知识相当发达之后的事，即所谓观象授时。

严冬过，春天到，妇女开始采桑，同时也采蘩。如《召南·采蘩》所写的那样，采蘩本来是为供神馔作祭祀的。但采草作为振魂，也是为与心上人相会的预祝行为。在这种集体的农业劳作之中，姑娘忽然悲伤起来，很想和年轻小伙一起躲到什么地方去。"公子"即《万叶集》里的"殿若子"。

二之日凿冰冲冲，三之日纳于凌阴。

四之日其蚤，献羔祭韭。

九月肃霜，十月涤场。

朋酒斯飨，曰杀羔羊，跻彼公堂。

称彼兕觥，万寿无疆。 第八节

寒冷时期凿取积冰，纳入冰室，是为了用于祭祀。二月供羔、韭，祭祀掌管寒气的司寒神。九月、十月岁时之功告终时，以朋酒、羔羊举行收获祭，聚集公堂祝福族长领主长寿。各节唱法未必完全依照季节顺序，而是将一年农功错综歌唱，也有乡村式的、牧歌式的东西。

对古史文献持严格批判态度的清人崔东壁也认为，这首诗醇古朴茂，是大王以前的豳地旧诗，宛如有入桃源之想（《丰镐考信录》）。不过，这首诗被整理成这样的形式，从第二节采蘩句自《召南·采蘩》吸取许多诗句来看，也可以断定是西周后期以后的事。它的乐章似乎传到更晚，《周礼·春官》"籥章"一职记载其乐章如下：

籥章掌土鼓豳籥。中春，昼击土鼓，龡豳诗，以逆暑。中秋，夜迎寒，亦如之。凡国祈年于田祖，龡豳雅，击土鼓，以乐田畯。国祭蜡，则龡豳颂，击土鼓，以息老物。

其中的豳诗、豳雅、豳颂，可能是指《豳风·七月》。所谓持豳籥（三孔短笛）而吹，恐怕是被乐章化的吧。根据乐章调整农事季节的想法，大约是以战国时期的时代思潮为背景的，即依据五行说来谋求自然与人事的调和。

五行说之集大成者邹衍被认为是齐威王时以都城临淄稷下

学士身份活跃的人物，北方燕地由于寒冷不生五谷，传说邹衍曾按律吕招温气，使当地长出黍子（《文选》卷六，《魏都赋》刘注引《刘向别录》）。再有，汉《郊祀歌十九章》（《汉书·礼乐志》）的《青阳》《朱明》《西颢》《玄冥》四篇标题下加"邹子乐"三字，增田清秀氏的《乐府之历史研究》（昭和五十年，1975 年，创文社）里则有邹子大约即邹衍的说法。这个四方四神之乐，大约五行说的理论也适用吧。

《豳风·七月》照样采用古时的夏历，按现在情况来说，是与阴历仍然流行一样的。《七月》的原型大约产生于夏系彩陶文化时代。而在西周贵族社会繁荣时期，其古老的共同体特点也还残留在这首诗里。到列国时期，它又受到将乐律与自然秩序的关系理论化的五行思想影响，在《周礼·春官》"籥章"的职制中留下豳籥乐章的名字。但是，在这类五行思想与岁时关系，即时令书方面，《月令》是最典型的。不过在这之前，还有《夏小正》的阶段。

南阳出土的牵牛星汉画像石拓本

夏小正与国语

在农事历上增加与四季节气的关系而编成的著作中，有《夏小正》，现在成为汉《大戴礼记》的一篇，但它似乎也曾独立流传过。《夏小正》篇采用在《夏小正》旧篇上加解说的形式，其旧篇大约是先秦的产物，较之秦《吕氏春秋·十二纪》卷首所收"月令"（即后来的《礼记·月令》），形式更为古老，应当形成于战国末期。所谓"小正"是对"大正"而言，而"大正"可能就是《国语·周语中》的《夏令》之类。

春秋中期的陈灵公是个淫乱的人，周室派使者单子来时，他正在臣下夏征舒之妻夏姬那里，没有会见单子。单子徒劳往返，向王预言陈的衰亡道：

夫辰角（星名）见而雨毕，天根（星名）见而水涸，本（星名）见而草木节解，驷（星名）见而陨霜，火（星名）见而清风戒寒。

故先王之教曰："雨毕而除道，水涸而成梁，草木节解而备藏，陨霜而冬裘具，清风至而修城郭宫室。"故《夏令》曰："九月除道，十月成梁。"其时儆曰："收而场功，偫而畚挶。营室之中，土功其始；火之初见，期于司里。"

这是以"先王之教"的名义流传的《夏令》。但现在陈废其教，也不从周制，将不免于衰亡。把星宿知识用于占卜和农业，恐怕是因为巫史之徒想将新知识也应用在农事历法上吧。可是，这里还没有加上阴阳五行式的认识方法。在《夏小正》里，这种方法也还没有出现；但比《国语》中的《夏令》大量增加了节气，具有明显的农事历法性质。兹举《夏小正》春正月项如下：

> 启蛰。雁北乡，雉震呴，鱼陟负冰。农（农官）纬（整理）厥耒，初岁（立春）祭耒。囿（园圃）有见韭。时有俊风（东风），寒日涤冻涂。田鼠出。农率均田。獭祭鱼，鹰则为鸠。农及雪泽，初服于公田，采芸。鞠（星名）则见，初昏参（星名）中（正南）。斗柄（北斗星柄）县在下。柳稊，梅、杏、杝桃（山桃）则华，缇（草名）缟。鸡桴粥（抱卵）。

这些记述与《国语·周语》里《夏令》的形式大致相同，但关于节气方面颇为详尽，可能是在传承《夏令》的过程中逐渐增加进来的吧。上述引文称东风为"俊风"，别无他例，《国语·周语》称"协风"，《月令》称"东风"。"俊风"见于《山海经·大荒东经》里四方方神风神的名称之中。其原文如下：

> 有山名曰鞠陵于天、东极、离瞀，日月所出。名曰折丹——东方曰折，来风曰俊——处东极以出入风。

所谓"俊风"，与《山海经》所传相同。《周语》的"协风"则是将殷卜辞"东方曰析，风曰劦"的"劦"作为"协"传下来的，这可能是殷代史巫所传承。

《夏小正》的"时有俊风""初服于公田"，也许与古代帝王耕帝藉千亩之礼有关。这个礼仪在《国语·周语》也有记载。这也是《月令》以前的文献。

文章采取周宣王即位不藉千亩，虢文公谏之而阐述古礼的形式：

> 古者，太史（司天文）顺时覛（看）土（气）。阳瘅愤盈，土气震发。农祥（星名）晨正（南），日月厎于天庙（星名），土乃脉发。先时九日，太史告稷（农官）曰：自今至于初吉（二月上旬），阳气俱蒸，土膏（湿气）其动。弗震弗渝，脉（土气）其满眚（塞满），谷乃不殖。稷以告王曰：史帅阳官（春官），以命我司事曰：距今九日，土其俱动。王其祗祓，监农不易。王乃使司徒咸戒公卿百吏庶民，司空除坛于籍，命农大夫咸戒农用。
>
> 先时五日，瞽告有协风至。王即斋宫，百官御事，各即其斋三日，王乃淳濯（沐浴）飨醴。及期，郁人（司祭酒）荐鬯（酒名），牺人（司祭酒）荐醴，王祼鬯（以酒净身），飨醴乃行。百吏庶民毕从。及藉（千亩），后稷监之，膳夫农正陈藉礼。太史赞王，王敬从之。王耕一坺（用犁翻土），班三之，庶民终于千亩。

作为古代的农耕仪礼，这恐怕是最完整的形式吧。其中已经出现阴阳观念，但是尚未见到有关五行的配合方法。

月令及其形式

　　如《豳风·七月》所写的那样，大约古代的农耕仪礼和农事以时令的形式进行，成为夏令的大正、小正，又以帝藉千亩之礼的形式得到完成，最终则归纳为《礼记·月令》那样的东西。月令是"十二月政之所行"（《礼记注疏》引郑《目录》）的意思，逐月规定按季节所行的政令，即时令。现在的《礼记·月令》是集吕不韦所编纂的《吕氏春秋·十二纪》各首章而成。大致采取同样形式的还有《逸周书·时训第五十二》，《管子》的《幼官第八》和《四时第四十》，《淮南子·时则训》卷五，等等。再者，《礼记》郑玄注所引《王居明堂礼》等明堂类的书也有时令记载，《王居明堂礼》有如下文字：

　　　　季春，出疫于郊，以禳春气。

　　　　仲秋，九门磔攘，以发陈气，御止疾疫。

　　　　季秋，除道致梁，以利农也。

　　　　孟冬，命农毕积聚，系收牛马。

　　　　季冬，命国为酒，以合三族。君子说，小人乐。

这是有关季节性的被除和农事的。在这方面与《豳风·七月》差异不大。可是，其中加上了节气、阴阳说、五行说，所有自然的推移和相应的人事都根据五行匹配的思想组织起来，形成极其复杂的状态。[①] 现举孟春之月为例，看看它的组成吧：

―――――――

① 　此处系就《月令》而言。——编注

　　孟春之月，日在营室（星名）。昏参（二十八宿之一）中，旦尾（二十八宿之一）中。其日甲乙，其帝大皞（伏羲氏），其神句芒（五神之一），其虫鳞（龙蛇），其音角（五音之一），律中大蔟（十二律之一），其数八，其味酸，其臭膻，其祀户（五祀之一），祭先脾（五脏之一）。东风解冻，蛰虫始振，鱼上冰，獭祭鱼，鸿雁来。

　　这里所配置的东西都采于五行中的东方，即属木；至仲春、季春，五帝、五神，以及虫、音、数、味、臭、祀、脏之类仍不生变化，但星辰、节气之类都顺次移动，产生变化。天地之间一切事物在原则上都要服从这个秩序。

　　之后叙述天子居明堂，发政令，即所谓王居明堂礼。各项都冠以"是月也"。

　　是月也，以立春。先立春三日，大史谒之天子曰：某日立春，盛德在木。天子乃齐。立春之日，天子亲率三公、九卿、诸侯、大夫以迎春于东郊。还，乃赏公、卿、诸侯、大夫于朝，命相布德和令，行庆施惠，下及兆民。庆赐遂行，毋有不当。乃命大史，守典奉法，司天日月星辰之行，宿离（日月星辰之运行）不贷。毋失经纪（原则），以初为常。

　　秦汉的月令似乎以王居明堂礼为重点。《汉书·艺文志》里记有《明堂阴阳》三十三篇、《明堂阴阳说》五篇、《阴阳五行时令》十九卷、《周易明堂》二十六卷等书名；《礼记正义》等也引有《王居明堂礼》《古文明堂礼昭穆篇》《明堂曾子记》等。明堂在《孟子·梁惠王下》中有所记载。据《史记·封禅书》记载，泰山东北麓有古时明堂之所，济南人公玉带献"黄帝时明堂图"，依这个图重建了明堂。但这个制度的实际情况已不可知，月令的这一部分恐怕包含当时最新的要素吧。

其次从"是月也，天子乃以元日（吉日）祈谷于上帝"起，叙述帝藉亲耕之礼。这恐怕是藉田千亩的遗礼。这一古仪可能始于殷周，卜辞里有藉礼的记载，西周金文也在令鼎上记有藉农的仪礼。

其次从"是月也，天气下降，地气上腾，天地和同，草木萌动。王命布农事"起，谈到命令田官舍于东郊、修筑封疆、筹划地宜、教导民众等事。当农事开始时，"舍东郊"是表示与地灵接触的仪礼。

其次谈到"是月也，命乐正入学习舞"等礼乐问题，同时修理山林，祭祀山林川泽，使用牺牲，禁杀孩虫、胎夭、飞鸟，劝导生育之道。接着谈到"是月也，不可以称兵"，劝诫扰乱天道、地理、人纪之事。最后则指出，这些时令之应用在时间上发生错误时所造成的混乱和灾害。这无非是因为失掉阴阳调和。

仲春、季春以下各月的记述皆循此例。兹将仲春、季春之中有关节气与时令的数条摘要如下。

仲春之月：

　　始雨水，桃始华。仓庚鸣，鹰化为鸠。

　　是月也，玄鸟（燕）至。至之日，以大牢（牛羊猪等牺牲）祀于高禖（授子神）。

是月也，……雷乃发声，始电。蛰虫咸动，启户（穴）始出。

是月也，耕者少舍，乃修阖扇。

是月也，……天子乃献羔开冰，……命乐正习舞，释菜（荐菜祭祀先师）。

季春之月：

桐始华，田鼠化为䴡（鹌类）。虹始见，萍始生。

是月也，……天子始乘舟。荐鲔于寝庙（祖庙），乃为麦祈实。

是月也，命野虞（司田地、山林官）无伐桑柘。鸣鸠拂其尾，戴胜降于桑。……后妃斋戒，亲东乡躬桑。……省妇使以劝蚕事。

是月之末，择吉日，大合乐。

是月也，……命国难（傩），九门磔攘，以毕春气。

在节气方面也出现了诸如季夏"腐草为萤"、季秋"宾爵（老雀）入大水为蛤"、孟冬"雉入大水为蜃（贝名）"等奇特的记述。类似的例子我国也有，如《日本书纪·齐明天皇》四年记载"俗曰：雀入于海，化而为鱼，名曰雀鱼"。

《月令》的形式是在阴阳五行观念之下，使自然秩序和与其对应的人事活动有条不紊地配合起来。它与印度及欧洲中世纪的自然哲学在组织上有相似之处。福克[①]将它与欧洲中世纪末的神秘思想加以对比，特别是与阿格里帕[②]把自然界的鸟鱼、动物、金属、宝石，同人类的人身七体、头部七孔，以及地狱界的死者七住所等和七天使、七行星分别配合起来的思想方法加以对比（《中国自然科学思想史》小和田武纪译，昭和十四年，1939 年，第三百零一页）；但这种关系与其说是《月令》篇的问题，莫如说应当考虑与道家思想之间的问题。阴阳五行思想由于它的迷信性质被后来的合理主义思想所拒绝，但在医学著作《黄帝素问》和作为民间信仰的道教之中长期生存下来。从中可以求得这个国家民俗的一个基调。

（二）农事历与岁时记

后稷之法与四民月令

月令顾名思义是关于时令的书，是从指导农村生产的当政者立场组织起来的。其中直接有关农事作业与技术的，特别编为农书，在战国时期形成了农家之学。《汉书·艺文志》举出农家九家，著录《神农》二十篇、《野老》十七篇等，但现已不存。不过在重农主义者管仲的著作《管子》里，除《幼官》

---

① 埃里克·福尔克（Erik Folke，1862—1939 年），瑞典传教士、汉学家，曾将《庄子》《老子》译成瑞典语，著有《中国古代思想家》。——编注
② 阿格里帕·冯·内特斯海姆（Agrippa von Nettesheim，1486—1535 年），欧洲文艺复兴时期的哲学家。——编注

之类的时令以外，还包括有关经营山林田野的诸篇；在《吕氏春秋》里，《上农》《任地》《辩土》《审时》四篇也具有农书的内容。

作为农书来说，这四篇较早；而且这四篇有些地方以初期农书《后稷》为根据。《上农》篇里以"后稷曰"的形式引用其文，《任地》篇卷首以"后稷曰"的形式列举十数条设问。这本《后稷》，在前汉农书《氾胜之书》里也作为"后稷之法"得以记录，但《汉志》里没有著录。《上农》篇写道：

> 后稷曰："所以务耕织者，以为本教也。"是故天子亲率诸侯耕帝籍田，大夫士皆有功业。……后妃率九嫔蚕于郊，桑于公田。……是故丈夫不织而衣，妇人不耕而食，男女贸功，资相为业。此圣人之制也。

文章引用《后稷》原文，"是故"以下可能是解说。"衣""食""业"三字押韵，大概是为了便于传习吧。《管子》和《吕氏春秋》的各篇也不乏其例。《任地》篇"后稷曰"十数问的答文也是如此。如：

> 凡耕之大方（原则），力者欲柔，柔者欲力；息者欲劳，劳者欲息；棘者欲肥，肥者欲棘。

其中的"力""息""棘"都押韵。又如：

　　　　其深殖之度，阴土（深土）必得，大草不生，又无螟
　　　蛾（害虫）。今兹美禾，来兹（明年）美麦。

其中的"得""蛾""麦"也押韵。其中的记述也涉及农业技术，
《审时》篇最后有"黄帝曰：四时之不正也，正五谷而已矣"等
语，天时不顺则应正确食用五谷，作为养生要诀。这是注重实
际的农书，但其理想大概如《黄帝素问》之术那样，在于获得
养生之道吧。

　　前汉的《氾胜之书》属于《后稷书》与《吕氏春秋·上农》
等四篇的系统，而后汉崔寔的《四民月令》则以岁时记的形式
记录当时士人的日常生活，似乎是为了把名门崔氏的祭祀、家
礼及其社会生活作为家训而编写的。《四民月令》的名字到《隋
书·经籍志》仍有记载，但不知其原名。由于涉及农事，才加
上"四民"的字样的吧。现据石声汉氏的《四民月令校注》，录
其岁末十二月条目如下：

　　　　十二月（腊）日，荐（祀）稻、雁。前期五日，杀猪，
　　　三日，杀羊，前除二日，齐、馔、扫、涤，遂腊（祭）先祖
　　　五祀（户、灶等神）。其明日，是谓小新岁。进酒降神。其
　　　进酒尊长，及修刺（名片）贺君、师、耆老，如正日。其明
　　　日，又祀。是谓烝祭。后三日，祀家事毕。乃请召宗、亲、
　　　婚姻、宾旅（客人），讲好和礼，以笃恩纪。休农息役，惠
　　　必下洽。是月也，群神频行，大蜡（除岁）礼兴。乃冢（应
　　　为众）祠君、师、九族、友、朋，以崇慎终不背之义。

　　遂合耦（整理）田器，养耕牛，选任田者，以俟农事
之起。去猪盍车骨（颚骨），及腊时祠祀炙寰（肉串刺）。
东门磔白鸡头，求牛胆合少小（小孩）药。

　　这是后汉洛阳名族崔氏的岁末生活。过年迎正月，自前三
日起家长、执事持斋，元旦进酒降神。一族聚于先祖前饮椒酒，
向君师、父兄、乡党人士行谒贺礼。

　　百卉萌动，蛰虫启户。乃以上丁（初丁日），祀祖（道
祖神）于门，道阳出滞，祈福祥焉。又以上亥（初亥日），
祠先穑（农业神）及祖祢（祖庙），以祈丰年。……
　　农事未起，命成童以上入大学，学五经。师法求备，
勿（应为乃）读书传。研冻释，命幼童入小学，学篇章。
命女红趣织布。
　　自朔（一日）暨晦（月末），可移诸树：竹、漆、桐、梓、
松、柏、杂木。唯有果实者，及望（十五日）而止。……
　　……上旬炒豆，中庚煮之。以碎豆作末都（酱类）。至
六七月之交，分以藏瓜。可作鱼酱、肉酱、清酱。……
　　收白犬，可及肝血，可以合（调合）法药。

　　关于白犬，十一月条目中记曰“买白犬养之，以供祖祢”，
这是用作牺牲的。《山海经·南山经》记载，自天虞山至南禺山
共十四山，其神皆人面龙身，祠以白狗。以白犬肝血为药则见
于《晋书·五行志》，其中记载，元帝永昌二年（323年），因

为传说白犬胆对蛊病有特效，所以价格一时暴涨。其调剂方法详见《本草纲目》卷五十。《四民月令》若是后汉名族崔氏家法的记录，则由此书可知当时士人习俗之一端。

荆楚岁时记

《荆楚岁时记》是六朝末期宗懔原著，原本称作《荆楚记》（隋杜台卿《玉烛宝典》所引），而唐《艺文类聚》和《初学记》等则称为《荆楚岁时记》，《旧唐书·经籍志》也以此名载录十卷。宗懔是长江中游江陵人，本书是他故乡风俗的记录，但其后大约多有增补，最后才成为现在的样子吧。据说奈良初期已经传到我国，对我国的岁时活动产生了很大的影响。这里摘录它的正月条目如下 ①：

> 正月一日称为"三元"。（后来道教称为三会日。）"鸡鸣"而起。（据说鸡是阳鸟，从前以鸡血涂门。）今为"帖两鸡"。"先于庭前爆竹，以辟山臊恶鬼。"（山臊可见于《神异经》中，人面猴身，其长一尺，独脚之山鬼。）"置土鸡户上，造桃版著户。"（左神荼，右郁垒）称为"门神"。〔此处出自度朔山的大桃树传说。东海的度朔山上有大桃树，在其东北之鬼门有门神督万鬼，将恶鬼投喂于虎。在恩师桥本循先生《桃之传说》（《中国文学思想论考》收

---

① 原书所引《荆楚岁时记》为日译本，且经过编注，所引又多为断句节选，无法与该书中文原文完全对应，今作意译处理。——编注

录），以及秋田成明《度朔山传说考——桃的民俗信仰》
（《中国学》第十一卷第三号）中有涉及。〕于户鸡上悬有
"苇索"。（汉《风俗通》卷八有载，殷汤王之时，伊尹薰苇
索以被清庙堂，此为这一民俗信仰的记述由来。）

其次是家族拜贺、元旦饮食、屠苏酒之类，又以串钱
之"钱贯"投于粪土上，云令如愿。"人日"（七日）之七
菜羹，戴头鬓华胜，"登高饮酒"，以土制人像迎春，当夜
因"鬼车鸟"飞而行避忌。"立春"剪彩为燕以戴之，门上
贴"宜春"二字。当日击鼓"施钩"（拉网，这项竞技可能
是早先祈求丰收的仪礼），并做"打毬"（蹴鞠）、"秋千"
之戏。（大概是从西方传来的。）

十五日祀"蚕神"，迎"紫姑"以卜蚕事。末日以"芦
苣"（芦苇、莴苣）之火逐厨房之鬼。正月中于水边泛舟，
行乐饮酒，晦日送"穷鬼"（穷神）。

关于所有这些记述，在由布目潮沨氏等人整理补订的守屋
美都雄氏的研究著作《荆楚岁时记》（昭和五十三年，1978 年，
平凡社，东洋文库本）里有详细记述。

《荆楚岁时记》所记载的这类岁时风俗，早已传入我国，并
已风俗化，这只要看看我国的《内里式》《本朝月令》《年中行
事秘抄》等书便可知晓。

关于"人日土人"，在《年中行事秘抄》中作为"荆云"引
用其文，东洋文库本也是加以补订的。

《吕氏俗例》云：其初七日，楚人取南北二山之土以作人像一尊，使向正南，建立庭中，集宴其侧。却阴起阳。即以人北为冬气拒阴气之祸，以人南为春气招阳气之祜。故名曰人日也。

在这个迎春仪礼中，作人像同时也作土牛，恐怕用土牛是古俗吧。《后汉书·礼仪志中》的季冬项目里有"是月也，立土牛六头于国都郡县城外丑地，以送大寒"，这是送寒迎春的活动。后汉王充《论衡》卷十六的《乱龙》篇记载"立春东耕，为土象人，男女各二人，秉耒把锄，或立土牛，未必能耕也"。《吕氏春秋·季冬纪》里有"出土牛，以送寒气"，可见作人像是后来的风俗。

这些人像土牛也通过阴阳道传入我国。《延喜式》卷十六里记载"凡土牛童子等像，于大寒之日前夜半时，立于诸门（各分五色）。立春之日前夜半时，乃撤"，使用童子像。

《续日本纪》文武庆云三年记载"是年，天下诸国疾疫，百姓多死。始作土牛，大傩（驱鬼）"，光仁宝龟三年十二月乙亥（二十九日）又记载"有狂马咬破'的门'之土牛偶人及辨官曹司南门之限（门槛）"。土牛车是送冬寒、迎春雷、备春耕的，所以天神缘起故事所载的是它的古义，我国民间大概也是以本来的形式流传的。

《荆楚岁时记》里的这些土俗与我国民俗也有密切关系，所以这里略述其各月要目如下：

二月　八日"释奠"，成道之日进行"八关（锁八恶）斋戒"，并举行执香花环城墙之"行城"。行城之日，作新花。"燕始来"入室，为得子之象。"春分"日，屋上植三株一茎九穗之"戒火草"。以告农时鸟之声为候入田。"祭社日"颁（分）其胙（祭肉）。自冬至起一百五日为"寒食"，禁火三日。〔虽然被认为是源自介子推的故事，但其传说大多并不涉及焚死之事，描写焚死的是起源传说（见本书第六章第一节）；而改火之俗，在弗雷泽的"火之复活"（《金枝》卷五）中，被当作冬至的一项仪礼。〕此日举行"挑菜"（摘野菜）、"斗鸡"。

三月　三日（上巳）临清流举行"曲水流觞"之宴。〔所谓"暮春之禊"（《文选》卷四《南都赋》），在《论语·先进》中有"浴乎沂（河名），风乎舞雩（求雨之地），咏而归"，此为古仪。〕以"龙舌料"（取黍麹菜汁，蜜和为粉）厌（驱）时气。三日"杜鹃初鸣"。（被认为不详之音，有狗吠相应。）

四月　"获谷（布谷鸟）鸣"。八日"灌佛"，迎八字佛，奏法乐，供养鬼子母神。荆楚则以绢、蜡制莲之工艺品。十五日僧尼"结夏"（安居）。

五月　称恶月，多禁。忌曝床荐席，忌盖屋。五日为"浴兰"节。"踏百草"之戏，采艾以为人形，悬门户上，用菖蒲酒。五日"竞渡"。采药草，以五彩丝系臂，并捕蟾蜍作辟兵（除病物）。捕啄木出卖可医齿痛。取鸲鹆子教之语。夏至食粽。五日举行相拂之戏。（隋唐之后，多于正月十五进行。）作枭羹赐百官。以菊灰除小麦蠹。

六月　降"三时雨"。"伏日"食汤饼。（夏至的第三庚为初伏，第四庚为中伏，第五庚为末伏。）此月颁冰。

七月　七日七夕，女子做"乞巧"。曝晒经书、衣裳。十五日盂兰盆会。

八月　雨称豆花雨。十四日以朱墨涂点小儿额，称为天灸。（与我国的绫文①相似。）以锦彩作眼明囊赠答。秋分以牲祀社，颁胙。投杯珓（贝卜）占来岁丰凶。

九月　九日"重阳"。于野外饮菊酒宴游。当日之雨称催禾雨。作鲈鱼之脍。

十月　朔日"尝新"，作黍臛（玉米羹）。

十一月　腌杂菜，渍蘘荷。冬至量日影，作赤豆粥以禳疫。

十二月　八日"腊祭"。村人击细腰鼓，戴"胡公头"（帽子名，如古代方相氏所戴之物），作金刚力士以除疫。其日以豚、酒祭灶神。岁前作"藏弨"（指戒指）戏。准备送旧迎新，暮日于宅之四隅各埋一大石以镇宅。闰月则不进行。

中国古代的岁时活动成为我国年中行事的如何之多，举《荆楚岁时记》一书也就一目了然了吧。再如将两国有代表性的类书——宋《太平御览·时序部》（卷十六至卷三十五）和我国

①　用来避邪的咒语的标志。大多是婴儿初生的时候，用锅墨在额头上画上点或"×"。——编注

《古事类苑·岁时部》加以比较，它们的关系便更加明显。但是，关于这点，我认为更重要的问题不是去看热心摄取而接受大陆文化的贵族社会，而是在平民的基层社会中，两者具有什么样的关系。

节　日

年中行事是在特定日期举行的特定活动，在民俗活动中占有重要地位。因此，我在谈到中国古代岁时记时，也想涉及我国民俗的年中行事。关于节日，在《改订综合日本民俗语汇》的"总索引"中，与民俗语汇同时举出，颇为方便，所以决定采用之。

年中行事的中心是节日。表示节日的字有"间""折""时"等，但属于"节"系统的最多，分布也广。它是原封不动地使用汉字"节"的。《史记·太史公自序》记载，"夫阴阳四时、八位、十二度、二十四节各有教令"，并将其一分为三，作为《月令》所说的"七十二候"。但在我国，几乎没有像这样进行数学式的调整。虽称为节，但如"事八日"①、"二十三夜"②、"二十五日样"③等，大多与节日式的划分没有关系，在其总体结构上也应当看到有原则上的不同。

正月行事分为从元旦开始的"大正月"和从十五日开始

---

① 指每年阴历二月八日和十二月八日举行的例行活动。——译注
② 指阴历二十三日夜等待月出的活动。——译注
③ 指正月二十四日夜斋戒，次日二十五日举行祭祀。——译注

的"小正月"。"大正月"似乎是公共的，以男子生活为中心；"小正月"则是私人的，以女子生活为中心。还有所谓"男辞岁""女正月"等语。在中国，元旦即所谓三元（年、时、月之始）。十五日前后是灯节，十五夜是元宵，满月之夜。正月是上元，与七月、十月合称三元。元宵灯市盛观，宋孟元老的《东京梦华录》有所记载，历经五日，市民杂沓。据说有如下一个故事：司马温公夫人元宵之夜频频想要外出，温公问："想看什么？"夫人答："外面人多，想看人。"温公笑道："我是鬼吗？"（宋吕本中《轩渠录》）

正月行事的中心，在我国是祈祷一年丰收。年神既是新年之神，又是年谷之神。将年神迎至神棚，张挂年绳，门前树立连根的年树嫩松，内院置办幸木①，本命年的男子主持祭祀。除镜饼之外，还制作小饼，全家都将其作为"年玉"（新年礼物）食用。开始劳作之前，入山祭祀山神。撤除门松前的十五日，属于"松之内"。正月七日的七草粥即《荆楚岁时记》所谓人日，与中国风俗相同。十五日的小正月是祭火节，普遍称为爆火节②，还有的在道祖神祭祀场树立禳虫的虫札，这也具有祈念农谷的意味。将其称为"左义长祭火节"，据说是从三毬杖，即把三根毬杖编成三叉的形状而来。《书言字考节用集》（《古事类苑·岁时部十三》）里记有：

　　　爆竹（初春之义。于庭院燃放。见于《博物志》《岁时

---

① 挂有正月食物和新年装饰的长木杆。——编注
② 指正月十五日焚烧门松、稻草绳的仪式。——译注

记》《事文》）

　　左义长（《徒然草野槌》中有详述）

　　三毬杖

　　祭火节的内容很丰富，《古事类苑》在"爆竹"条里集录了有关记事。这个风俗本来流行于贵族之间，其后民俗化而得以推广，可能是因为也包含若干我国固有的要素吧。我本人也有幼年时代值得怀恋的记忆。

　　早先流行于上流社会，后来荒废失传的，大多是外来的东西。如卯杖是正月上卯（初卯日）用于辟邪的。《日本书纪·持统天皇》三年正月乙卯，由大学寮献卯杖八十根，《内里式》《延喜式》里记有其仪礼的程序。卯杖又称卯槌，在《枕草子》里也有所记载，据说热田祭曾有卯杖舞。这大概得自阴阳道，所以将其作为汉代刚卯（以桃木等所制挎腰咒符）一类的说法也未必能够否定。《夫木和歌抄》里有"卯杖祝"等语，用于方位错误之祓。据说建武以后废绝，但正月的祝棒（嫁叩棒）[①]等也许是它的残余。

　　正月七日的白马节会也是古代宫廷盛典，为受青阳之气而用二十一匹白马的记载见于《延喜式》。这大约出自《礼记·月令》中迎春于东郊的仪礼，也是由于阴阳道之类而被仪礼化。《万叶集》载有大伴家持为迎接天平宝字二年一月七日节会而事先写好的和歌如下：

---

① 用棒子拍打新婚媳妇的臀部，以祈祝生育。——编注

水鸟鸭毛色，青如青马青，

今观青马者，长寿永安宁。　卷二十，四四九四

　　这是阳春、阳月、阳日观阳数（三×七）二十一头阳兽便会长寿无疆的祝寿歌，但却未奏。《枕草子》也有这个节会的记载，可是似乎也于建武以后废止。

　　正月十六日的踏歌节会也是外来节会之一。《日本书纪·持统天皇》七年正月丙午（十六日）汉人等奏踏歌，八年十七日汉人奏踏歌，十九日唐人奏踏歌。《续日本纪》圣武天平十四年正月十六日有"五节田舞"之后令少年童女踏歌的记事，其后男女异日进行。此日有时逢月蚀，夜阴也曾举行。"踏歌"之称，据说是因为反复歌唱"万年踏"的词句。《旧唐书·睿宗纪》有上元夜观灯后令踏歌的记事。又据唐《朝野金载》记载，玄宗先天二年自正月十五日起三夜间，令少女于安福门高灯下踏歌。这种风俗传入我国，但也随宫廷仪礼衰微而废绝。踏歌本来是在江南地区举行，可能源于农耕仪礼。而民俗一旦脱离它的形成基础，不久便会娱乐化，或者不免有废止之日。

　　与生活密切结合的正月民俗活动，包括劳动之始的正月翻地，小正月里削树枝用作削花装饰的花正月，用饼做饼花和茧豆，跳插秧舞的皋月祝，用粥和豆占丰凶，打树责成①，驱鸟和送鼹鼠，以烧松枝、稻草绳为代表的祭火节，十五日的

---

① 小正月的预祝例行活动之一，用柴刀敲打果树，预祝秋季丰收。——译注

饼粥，结束正月活动的二十日正月[①]，等等，有关的民俗语汇也颇多。

　　民俗方面的东西基本上是本民族的。但若进而溯本求源，这些民俗具有浓厚的农耕性质，而其农耕文化又曾是从外部传入的。因而，我国文化处于广泛的农耕文化、稻作地区的文化之中，存在着应当重新考虑的问题。以农耕技术为首，自器具和咒器的制作，全部的衣、食、住，至铸金和鸬鹚捕鱼等，也都存在这类起源的问题。即使在被视作我国所固有的神道里，也包含这类问题。而且，在这个文化圈的其他民族的文化、民俗里，同样可以发现这类问题。不应认为仅在民俗传承和语汇之中便可解决一切民俗问题。

（三）关于通过仪礼

产房之礼

　　如同自然秩序靠节气的推移和循环来维持一样，人度过一生也要经历若干阶段。于是，每个阶段都有再次加入新世界的仪礼。它被称为"文"，用我国民俗学者所爱用的话来说是"晴的文化"[②]。"文"字是出生时和元服时点在额头的绫文，是彩饰。

---

① 　日本旧俗有"二十日正月"的说法，以二十日为正月仪式的结束，送走岁神。——编注

② 　在天气方面，云散雨止为晴；与此同样，经过斋戒和禊斋后，开始发挥其咒力、生命力时，也称为晴。此处指进入新阶段。——译注

这可从如下事实知之：产、彦等字上部现在是"立"字形，原来则写作產、彦，上部是"文"字形。"文"是其"通过仪礼"[①]之际的圣化方法。成年礼在脸上加"彦"则是"颜"。又如文考（父）、文母那样，死者都被加上"文"字称呼，也是因为在死者胸部施行以圣化为目的的文身。这些已在《中国古代文化》第一章论述过了。

中国古代的民俗，由于其文化往往早已作为宫廷、贵族礼制组织起来，所以以传承形态保留下来的很少。例如，《仪礼》十七篇详细记述冠昏、相见、燕射、聘觐（诸国间的往来）、丧祭等仪礼经过，直至礼节的动作进退，但是其中没有生子、育子之礼。在这个重礼的社会里，生子、育子之礼可以说是与"公"相对的私礼。因此，这些礼被作为"经"的《仪礼》的说明，也就是"记"，收录在《礼记·内则》关于私生活的起居动作之中。

> 妻将生子，及月辰（产月之朔），居侧室。夫使人日再问之，作（即将分娩时）而自问之。妻不敢见，使姆（女仆）衣服而对。

侧室以后被作为妻子的异称，但原来是指产房。《紫式部日记》所谓"十日，东方始发白，变换御居所，移入白御帐"，也相当于侧室。在我国，"白御帐"是新生命诞生的场所。

---

① 通过仪礼，指不同阶段中所经历人生大事（即出生、成年、结婚、死亡）时的仪式。——编注

子生，男子设弧（弓）于门左，女子设帨（佩巾）于门右。三日始负子，男射女否。国君世子生，……三日，卜士负之。吉者宿齐，朝服寝门外，诗（承）负之，射人以桑弧蓬矢六，射天地四方。保受乃负之。宰醴负子，赐之束帛。

我国也有在产房预备弓矢，称为"蟇目"①，有孩子一出生即射弓之俗。以弓矢被除不祥，这与中国的桑弧蓬矢之俗相同。射仪后，保姆抱之。"保"的字形（见《中国古代文化》）是保姆抱之，头上戴玉，下襟包以袭衾，大概是古仪吧。

在冲绳地区，分娩之后会立即在产房入口挂注连绳。或者，生男则吊草履，生女则吊锅盖，据说都是除魔的咒具。《内则》所说的"帨"，可以说相当于我国的肩巾（披肩），可能是旧形式吧。此后三个月间，除保姆外，他人不许入室。

三月之末，择日，剪发为鬌。男角（总角）女羁（十字结），……是日也，妻以子见于父。贵人则为衣服，由命士（为官者）以下，皆漱浣（穿刚洗过的）。男女（族人）夙兴，沐浴衣服，具（馔具）视朔食（月初之日的飨食）。

我国的产忌日数，中世的《文保记》和《永正记》等是七日，其后是三十日，产妇则达七十日。《内则》中三月馔具的规

① 即鸣镝（响箭）。——译注

定，大约是指这时结束"别火"①的意思吧。于是第一次取名字，成为氏族一员。姜嫄子的话，也于三月之末漱浣，进入内寝，所谓"君已食，彻焉，使之特馂（食君之食余），遂入御"，表明忌避共食的仪礼期满。

诗篇《小雅·斯干》是歌颂宫室落成的诗，其中以占梦的形式咏唱对生子的预祝。在这所新房，梦熊罴则生男，梦虺蛇则生女。

乃生男子，载寝之床，
载衣之裳，载弄之璋。
其泣喤喤，朱芾斯皇，室家君王。

乃生女子，载寝之地，
载衣之裼，载弄之瓦。
无非无仪，唯酒食是议，无父母诒罹。

由于已经处在男系贵族社会繁荣时期，所以对男女分别加以歌咏。其根柢是男为阳、女为阴的观点，对男以阳气附身和女以阴力附身的古老民俗加以新的解释。中国古代的民俗在这时业已失去许多传承的意味了。思想常常是古老的民俗传承的敌对者。

---

① 指月经或生育的妇女分居分食。——译注

结婚仪式

结婚的形态随着家族的构成和亲属法的秩序，与时代一起复杂地演变下去。在中国，由于西周形成了被称为宗法制的亲属法，本家与分家、父系、母系、妻系等系列关系得到严格规定，丧服之类的礼制也以此为中心组织起来。在某种意义上也可以认为，周朝社会是其亲属法构造的反映。但是，关于周朝之前亲属法的状况，尚有许多不明了的地方。譬如，殷代尽管遗留许多卜辞资料，可是连有无外婚制也不清楚，在姓氏上殷被认为是子姓，也无非是从周的姓氏假定而来的。在殷代，如子郑、子雀那样，王族和豪族子弟在子称号之下加上所领的地名，他们集体的称呼则是多子。因此，似乎便把殷的姓假定为"子"了。

在《周易》卦爻辞里，也有如"高宗伐鬼方，三年克之"（《既济》九三爻辞）之类记述殷武丁故事的，其中有些地方似乎意外地含有古老的因素。例如：

屯如（踟蹰）邅如（徘徊），乘马班如（停滞不前），匪寇婚媾（娶媳妇）。（《屯》六二爻辞）

乘马班如，泣血涟如（泪流不止）。（《屯》上六爻辞）

关于"屯"的卦辞，郭沫若的《中国古代社会研究》把它作为表现抢婚的古歌谣之遗存；但也可以认为是"猎新娘""猎恋"之类竞争形式的先驱，特别是基于这种竞争形式的东西在东南亚到后来仍很流行，这从葛兰言作为《诗经》研究的比较资料而举出的许多事例便可了解（《中国古代的祭祀与歌谣》附录三）。对歌中的赛歌形式在《纪·记》《风土记》的歌谣中多少保存下来。

《仪礼·士昏礼》所记载的仪式已经失去许多民俗资料的意义，但其仪礼化约在孟子的时期就已出现。我国的婚礼及其一般程序与《士昏礼》的内容也有大体相似之处，其概略如下：

首先由男家派使者，给女家送雁，称为"纳采"。这时问女方的名字，称为"问名"。然后由女家招待使者饮白酒。使者复命，以龟卜占之，吉则行"纳吉"礼，再次送雁。收纳婚约证据称为"纳征"，用玄纁、束帛和一对鹿皮，即俪皮。决定举行仪式日期时，再次送雁。

举行仪式之日，初昏（傍晚）列豚鼎、鱼鼎、腊鼎及其他酒肉，婿以车迎女，配膳齐备即行就座。按规定顺序共食，行三酳礼。第三酳用卺，称为"合卺"。来到新房，新郎则解新妇之缨，撤去蜡烛。

次日早晨，新妇问候丈夫的父母，接受父母赐酒，再由新妇馈食。配膳也有详细规定。父母也设答礼飨。父母若不在世，三月后在庙祭时告之。过三个月方可以作为族人参加祭祀。

《士昏礼》除正文外还有许多补记，并记载着进行各种仪式时的辞令。《孟子·滕文公下》中的"往之女家，必敬必戒，无违夫子（丈夫）"，是新妇离家时母亲做的告别辞，这与《士昏礼》中父亲的告别辞相近。但是可以由此推断，在孟子当时这类仪礼大体已经定型。

实际的结婚情景恐怕更有意思，尤其是六朝时期的士人有追逐新奇的风气，婚礼之夜让新郎坐高椅称为"登高"，据说还有杖打新郎之类的风俗（《中国社会风俗史》[①]，尚秉和著，秋田成明译，东洋文库本，第二百四十页）。我国也有戏弄新郎、新娘的风俗，自古以来流传甚广。

诗篇有许多结婚颂诗，如《周南·桃夭》《召南·鹊巢》《召南·何彼襛矣》《卫风·硕人》《齐风·敝笱》《曹风·鸤鸠》《小雅·裳裳者华》《小雅·车舝》等。硕人是"齐侯之子，卫侯之妻，东宫之妹，邢侯之姨，谭公维私"的贵族女子，该诗第三节有"硕人敖敖，说于农郊"等语。在嫁至他国途中，"说于农郊"，实在难以理解。所以郑玄认为"说"是"禭"之假借字，即更衣的意思，但在农郊更衣也是不可思议的。我国有"中宿"的风俗，在婚嫁途中的休整更衣广为流行。而这首《硕人》令人想起歌咏修建卫都的《定之方中》，当入都前有"星言夙驾，说于桑田"等语。投宿具有某种意义，大概类似我国的"旅寝"吧，恐怕是亲近地灵的行为。

这首诗末节对鱼加以歌咏，即"河水洋洋，北流活活。施罛濊濊，鳣鲔发发"。这近似恋爱诗中常常提到的捕鱼，而鱼是女子的隐喻。

《齐风·敝笱》也是结婚颂诗，其第一节如下：

敝笱在梁，其鱼鲂鳏。

---

① 该书中文原名为《历代社会风俗事物考》。——编注

齐子归止，其从如云。

第二节的末句是"如雨"，第三节的末句是"如水"，与鱼同样被当作阴的形象。但即使如此，为什么要用敝笱捕鱼呢？笱本来似乎被当作妇女的东西，弃妇诗里也出现过。弃妇诗如《邶风·谷风》和《小雅·小弁》，其中都有如下诗句：

毋逝我梁，毋发我笱。
我躬不阅，遑恤我后。

这里的笱、梁是作为妇女特权保留下来的共同使用权之类的东西呢，还是另外具有象征意义的表现呢？尚且不能断定。不过，结婚诗、离婚诗都提到钓鱼和笱梁等，或许是某种古老信仰的遗存。

万舞之人

在古代社会，有男子习艺所，供一定年龄阶层的人实习集体加入社会的仪礼，这些机关大多是秘密结社性质的，尤其对异性严格隔离。我国有所谓"犊鼻裈祝"的成人式和青年小组一类的民俗。中国古代的男子习艺所大约是称为"学"的地方吧。这也早被礼制化，殷周时业已成为公共教学机关，其源流可以上溯到很古的时期。

"学（學）"的古字形（见图①）是学校建筑物的象形字。

屋顶两端交叉的长木使人想起我国的神社建筑。《礼记·学记》记载，"古之教者，家有塾，党有庠，术有序，国有学"，教学九年始成。如所谓"蛾子时术之"那样，持续进行蚂蚁造蚁冢式的努力才能成功。《孟子·滕文公上》记载，"夏曰校，殷曰序，周曰庠。学则三代共之。皆所以明人伦也"，由此可见是因时代而名异，不一定是"学"的等级。

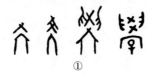

①

《礼记·内则》记载，有虞氏于庠，夏后氏于序，殷人于学，周人于东胶、虞庠，养庶老与国老。国老是氏族长老，担任子弟的教学。学分为小学和大学，大学作为莽京辟雍的设施，似乎是最高的教学机关。西周初期的金文大盂鼎上有小学的名称，中期的静簋上有学宫的名称。殷代的甲骨文已经有"丁酉卜：其呼以多方小子小臣，其教戒？"等语，集殷之友邦诸国的小子小臣，即王族子弟于殷都，对举行成人礼进行占卜。这大概相当于所谓"国有学"吧。《礼记·文王世子》篇多少传达出周代的教学情况，于东序之所，在春夏教世子干戈（武舞），秋冬教其羽籥（文舞）。小学正、大胥、籥师、籥师丞等协助之，大胥鼓南。南是苗族用的铜鼓形乐器，《小雅·鼓钟》有所记载。《周礼·乐师》有"掌国学之政，以教国子（王子）小舞"等语，《礼记·内则》也有如下记载：

> 十有三年，学乐诵诗，舞勺（舞乐名）。成童，舞象
> （舞乐名），学射御（御车）。二十而冠，始学礼，可以衣裘
> 帛，舞大夏（古乐舞名），惇行孝弟。

所谓"三十而有室（妻）"。勺、象、大夏都是古代的舞乐名，在入社仪礼的主要教学中，大约也要加上这类传承舞乐的学习吧。这些舞乐可能是狩猎或战争时具有咒能的舞乐。诸如这种仪礼学习需要九年，而且《内则》以十年之后为婚期的记述，当然不是原本就有的。

② ③

古代的这类加入仪礼的知识以某些形式流传并记述下来，除《内则》以外，还有《周礼·大司乐》《大戴礼记·保傅》等篇。《大司乐》的开头是"大司乐掌成均之法，以治建国之学政，而合国之子弟焉"。据说成均指五帝之学。成均是学的名字，位于辟雍以南；而辟雍则是祭祀天神远祖最重要的圣地，所以从前才把男子习艺所设在那里吧。在学执教称为"敩（斅）"（见图②），称为"教"（见图③）。所谓"合国之子弟焉"，相当于卜辞的"以多方之小子小臣，其教戒"。谁是那里的指导者呢？据记载"凡有道者、有德者使教焉，死则以为乐祖，祭于瞽宗"，可见其中有乐官瞽师。此外还有"以乐舞教国子。舞云门、大卷、大咸、大磬、大夏、大濩、大武"等语。

据孙诒让的《周礼正义》说，这些舞乐便是万舞。万舞是殷人之舞，《邶风·简兮》的第二、三节歌咏如下：

　　硕人俣俣，公庭万舞。
　　有力如虎，执辔如组。　　第二节

　　左手执籥，右手秉翟。
　　赫如渥赭，公言锡爵。　　第三节

似乎是雄壮的武舞。这首诗所表现的，可能是殷灭亡后，贵族子弟的万舞，沦落成为游艺者舞蹈的情景吧。邶是殷的旧王畿，而诗作当时，君临当地的统治者是周的贵族。因之，第四节咏道：

　　山有榛，隰有苓。
　　云谁之思？西方美人。
　　彼美人兮，西方之人兮。

这是致周代贵族的颂词。在《周礼·大司乐》《礼记·文王世子》和《大戴礼记·保傅》等篇所记载的世子教学之中，这类古老的舞乐作为成均的舞乐保留下来，并在周代教学里被礼制化了。古代习俗随古代氏族社会的解体而衰灭，仅有其观念化的形态保存了下来。特别是在中国，由于其礼教式的文化倾向与经典化，古代习俗在形式上固化的倾向颇强，这对于民俗的基础尤其具有很大破坏作用。后来在孔庙祭祀时，举行身穿翟羽者的群舞，这也许是为了向"丘也殷人也"的孔子，所献上的万舞之遗留。

民俗学的方向

民俗学的方向

民俗学若是研究在与神密切关联下人的生活方式，那么追溯它的最原始状态，并在其中寻求所谓起点，是理所当然的。认为它并非必定是历史性、时间性的，而是作为纯粹的持续，即在庶民式的传承之中加以观察，这可以说是柳田民俗学的立场。并且，它与期待现存的家庭状况、农村生活状况能超越时间而持久存续的心愿结合了起来。民俗学不仅研究过去的生活经验，也在探求现实规范的意义。

在所谓民俗方面纯粹持续的意义上，至今仍未达到现代化的诸民族之间，具有丰富的传承。最近出版的岩田庆治氏的《神的人类学》〔讲谈社，昭和五十四年（1979 年）五月〕，可以说富有在未开化社会中广泛探索这种纯粹持续世界的有趣记述。这里所谓的"神"，是以出色的直观所捕捉的存在本身，禅家"本源无病"等语屡次被引用。民俗学以这种方法便能作为多国民俗学，将其领域扩大到人类学中去。

我国的民俗学，一般被认为具有把农村生活作为其纯粹传承场所加以考察的倾向，但是另外也有许多职能性的领域。从神话和文化史上也可以看出它的多重维度的特性，特别是在青铜器文化的样态中，似乎潜藏着古代王朝成立的秘密。谷川健一氏的《青铜神的足迹》（集英社，昭和五十四年六月）把青铜器文化归为海人族带来的，执拗地追踪海人族的活动遗迹，可以说这对今后民俗学的方向也给予很大的启示。

在海人族系统的神名和人名中，包含"ミミ"或"ミ"①的很多，所以有把这作为《山海经》和《神异经》里的"儋耳国"，即由长着大耳朵的种族带来青铜器的假说。由于这些书是记载神怪故事的，其他书没有任何记载，所以假说并不稳固，而且海南岛这个原住地也过于僻远了。不过，因为密集地探索外来文化的移动扩散过程，为许多神话与历史上的问题提供了解决之道，却可以说是一个巨大的收获。从神话时代就有外来文化和它的民俗，而且其所到之处必然为神社所祭祀。

这本书所论及的铜鼓和铜铎的问题，我也曾在写《释南》（《甲骨学》第三，1954 年）时做过设想，在《中国古代文化》第二章里也试图提示了几个问题。但把这种文化传播直接作为儋耳，即海人族渡来的事实来考虑是勉强的，可能还是应当放在假说的范围之内。很难找到充分的证据来证明他们是与我们的本地祖先是具有不同语言、习俗的异民族。

要在农村之类庶民生活者的传承中寻求本源固有的样子，作为民俗学的起点是十分有意义的，由此也取得了巨大的成果。可是，民俗所形成的基础是建立在业已多次经历文化接触并且因其接受而形成的多层和复合之上的，从这一点来说，所谓民

———————————————
① 日文假名，"ミミ"是耳朵的意思。——译注

俗传承的固有性和纯粹性，总归只是程度上的问题。无论是农耕文化，还是使农耕文化飞跃性变革的青铜器文化以及其他新技术，本来都是外来的。即使接受方法和吸收后化为自身体质的过程是独特的，这种独特性也要放在包括我国在内的整个文化圈之中才能予以考虑。

古代民俗的复原

　　中国的民俗学研究在其草创期发行过数种研究杂志，资料收集工作也在各地颇为活跃地进行。我国研究者也做出了一些可观的业绩，南方熊楠（1867—1941年）、鸟居龙藏（1870—1953年）、赤松智城、三品彰英以及近年的今关丈夫等都在各自的领域进行了研究。特别是永尾龙造的《中国民俗志》，作为一部民族志，采用许多民俗资料的原色版和图版，仅正月和立春项就有两卷（昭和十五年、十六年，1940、1941年），即达一千六百页。但在第六卷（昭和十七年第三次发行，《儿童篇上》）出版过后，因保管其资料和原稿的外务省内办公室失火而被全部烧毁，出版也被迫中止。古俗资料恐怕遗失很多，对现在而言实在是难以弥补的损失。

　　中国大陆的学术由于种种历史原因，经过三十年至今尚未出版一种专门杂志。①在这方面，台湾地区的出版活动颇为兴

---

① 作者著书时，正值我国"文革"刚刚结束，民俗学尚处复兴时期。——编注

旺，初期的民俗学研究文献资料几乎全部重印，民族学研究所的《集刊》也发表许多有关论文。在古典资料方面，《岁时习俗研究资料汇编》三十册也得到重印，但这些全都是关于汉魏以后的东西。

不言而喻，在中国的民俗学研究上，确定民俗传承的出发点是重要的。但在中国古代，民族的形成过程已经颇为复杂，远在考古学所研究的时代，各地就已产生自己的古代文化，彼此之间具有相当的独立性。

其中可以通过文字资料进行考察的是殷王朝的文化，这个殷文化也就成为大致的出发点。卜辞作为文献被保存下来，卜辞以所谓宫廷占卜为特定内容，不能包括当时的全部生活体验。不过由于文字以原始的象形、会意为主，所以在它的构造之中具体地表现出当时的思维方式、仪礼方法。关于其民俗学方面的理解方法，本书举出了若干具体例子。这个方法可以适用于全部古代文字，从中能够导出许多有趣的事实。我在《汉字的世界》（二册，平凡社，东洋文库本）里也做了一些尝试。

殷人被认为"尚鬼"，古代式的信神习俗颇为丰富。在代之而起的周朝贵族社会繁荣时期，古习俗被礼制化，古传承被经典化，唯有诗篇《国风》表现了民众的生活。可是由于春秋战国列国时期向领土国家的发展和长期持续的战乱，古代的共同体解体，农村生活遭到破坏，民俗传承场所随之丧失。对秦汉以后的民众而言，可以保持古老信仰的场所被剥夺，几乎被投入迷信的世界。

后汉王充在《论衡》里严厉地批判了这种迷信，但承认经典所规定的祭祀，如被称为五祀的"司命"（寿命神）、"行"（道路神）、"厉"（杀罚神）等。这一形式上的合理主义扼杀了古代的民俗。魏晋以后志怪之风盛极一时，也可以视为对它的反动，但已采取传说故事的形式。古代民俗的时代，可以说在传说文学之前有它的实践期。因为传说文学业已掺入道、佛等其他思想，而逐渐丧失民俗的固有性和纯粹性。

民俗的本质

谈到中国古代民俗的基本观念，《韩诗章句》中对歌咏三月上巳禊俗的《郑风·溱洧》的评语——"三月桃花水下时，郑国之俗，三月上巳于此水招魂续魄"（《太平御览》卷十八所引）中的"招魂续魄"一语最好地表现了它的本质。在我国，即"振魂""镇魂"。《神祇令》里的"镇魂节"，《职员令》神祇官注里的"镇魂"等与之相当。《日本书纪·天武天皇》十四年十一月的"招魂"也不是对死者的招魂，即不是"复"的意思，而是在宫中作为古仪长期流行，由猿女①等所从事的振魂仪礼。伴信友的《镇魂传》（《伴信友全集》卷二）论述了这个仪礼，为我国民俗学研究开拓了道路。

中国最重视节日，岁时记记载以节日为中心的习俗颇多。这也是月令的组织构成。季节的推移依据节气之推移盛衰，人

_____

① 上代神祇官职之一，在祭祀中担任神乐舞等工作。——译注

的生命力消长也随顺自然之气，所以节日活动主要是在招魂续魄的意义上举行。但是，这种与自然对应的方法，在自然宗教的宗教学上称为"被纯化的咒术宗教"，以其纯粹的形态进行。这是所谓民俗信仰的本质。而后汉末期道教成立，六朝时期与佛教又竞争又融合，将当时的信仰一分为二。道教模仿佛教，制造了许多经典和神灵。道教的神灵世界是现实与权力结构统一的阶级社会，是拥有许多官僚群的反映现实式的构成体，是世界上最奇妙的宗教之一，几乎没有抓住其全貌的书。唯有写过《道教》（川胜义雄译，平凡社，东洋文库本）的马伯乐被说成"欧亚两洲唯一一个系统地探索出道教历史及其法术内容的人"（同书《后记》），但那本书也不过是未完成的散稿汇集。

道教受到唐王室的保护，与佛教寺院相对应地建立了许多道观，自夸对民间信仰具有支配性的影响力。而基于中国古代宗教的招魂续魄民俗，由于古代社会的崩溃及其自然宗教的衰退，在更早之前即已丧失它的本质。道教的成立可以说近似我国神道的成立，而神道尚处于古代的神观念的延长线上。

《中国民俗志》所载正月行事的大部分采取道、佛二教混合的形式，古代民俗的遗留极其稀薄。可是，关于对我国民俗的影响，较之神道与阴阳道的关系，道教不过仅仅限于庚申信仰和泰山府君之类很小的范围。道教由于过分的现世功利性质，未能保持古代中国民俗之本质——招魂续魄的纯粹性。但我国的神道由于重视"斋""秽"等传统，尚未成为古代民俗的重大障碍。考虑到汉字的"神"观念与固有的"神"观念未必一致，本居宣长使用《万叶集》的万叶假名写作"迦微"，现在的民俗学者则用假名写作"カミ"，但这没有太大意义。既然把"神"用日本语音来读，当然就能够付之以我们对神的概念。比起这一点来，毋宁说民俗一词被无限制地扩大到风俗方面去更值得警惕吧。因为民俗的本质不外乎是人类在与神有关的活动中的状态。

民俗与习俗

都市是拒绝和否定民俗传承的地方。那里既无共同体又无连带关系，生活周围也没有神的影子。在那里，民俗的东西也有被风俗化、娱乐化的倾向。于是，与都市的繁荣一起，民俗开始风俗化。最初的风俗产物表现在汉魏的"都邑赋"里。不过其中还没有把这种风俗视为娱乐的态度。莫如说在赋里描写的风俗，似乎仍然残留着赞美地灵、都城之灵的想法。如后汉张衡的《东京赋》，详细描写大傩（驱鬼）的情景，然后归纳为"京室密清，罔有不韪"，并且写道"阴阳交和，庶物时育"。民俗仍然活在其中。

《四民月令》《荆楚岁时记》之类有关节候、岁时的著作也以季节仪礼为主，这是因为它们把自然节序与人间生活的对应关系作为中心，所以仍然属于民俗的范围。都市的繁荣伴随社会经济的发展，而宋以后由于地方经济发展，各地都市兴起，人们欣赏它的繁华，喜爱它的风俗。于是，描写都市生活的作品大量涌现，如孟元老描写北宋都城汴京之繁荣的《东京梦华录》，耐得翁记载南渡后杭州的西湖歌舞场地和名胜的《都城纪胜》，佚名氏的《西湖老人繁胜录》，吴自牧的《梦粱录》，周密的《武林旧事》，等等，除岁时的记述外，也涉及风俗、演技、名胜等。

这类作品经历代风流好事者之手保存下来很多，而描述明清以后都市生活的作品又有明代陆启泓的《北京岁华记》、刘侗等人的《帝京景物略》，清初朱彝尊的《日下旧闻》、潘荣陛的《帝京岁时纪胜》，等等，最后的作品则是清末满人敦崇的《燕京岁时记》。如"岁时记"的书名所示，它是记述一年季节活动的，我国有小野胜年氏的译注本（平凡社，东洋文库本）。青木正儿博士曾在北京留学期间请画家描绘北京的岁时风俗，编成《岁时图谱》〔大正十五年（1926 年）编成〕，这个图谱后来取名《北京风俗图谱》（二册，昭和三十九年，1964 年，平凡社，东洋文库本），附以内田道夫氏的解说出版。附在它的解题上的参考书目，也可以用作民俗研究书。

我国人热心于这类研究，从《本朝月令》以来岁时方面著作颇为丰富这个事实也可以看出来，其概要则可由《古事类苑·岁时部》知之。关于风俗方面的著作，也有如江户末期中川忠英的《清俗纪闻》（平凡社，东洋文库本，二册）那样附加许多插图的。关于这些图画和记述，曾向当时往来于长崎的清人出示稿件请求校正，这可以说是青木博士和永尾龙造氏等人先驱者式的业绩吧。

如书名《中国古代民俗》所示，我这本书是以"古代民俗"为主题的，其时期以先秦为主。假使民俗学以其民族固有而纯粹的传统为主要对象的话，先秦当然就会成为问题的主要领域。
而在考察我国古代的民俗时，作为比较民俗学的对象，先秦也
是具备充分条件的。在这种意图下，我试图阐明自己关于中国
古代民俗，关于它的问题领域和方法的看法。然而，那里是个
几乎尚未开拓的领域，而且可以预料与我国的古代民俗有密切
的联系。这项研究对于我们也必须说是至关紧要的。

后　记

　　继《中国古代文化》之后，这本书要考察中国古代民俗的问题。从民俗学重视本民族固有体验的立场来说，对民俗的研究当以古代的民俗事实为最重要的对象。针对这类古代民俗，我在这本书中尝试采用了以下三种研究方法：通过古代文字的构造，研究古代人的生活和思维；通过古代歌谣——诗篇的发想和表现，观察生活习俗的状态；而第三则是将由此得到的材料与我国古代的民俗事实加以对照和比较。

　　民俗的研究应当从民族的原有体验出发，这是不言而喻的。但是，中国的历史古老，其中也包含外来因素，所以它的文化极其复杂，而且它的社会又经历过许多变动。民俗传承者——民众的基础较之我国不够安定，它的传承和持续处在颇为困难的情况之下。在这一点上，甚至可以说与我国形成鲜明对照。因之，中国的民俗学不容易找到它的出发点。我国的民俗学由鲁迅之弟周作人等偶然介绍到中国，采取与我国同样的重视传承形态的方向，而对古代的关心却未必能说充分。不过，古代研究的具体方法当时尚未具备，也是一个重要理由。将这类研究史方面的问题也包含在内，探索将来的方向，是本书意图之所在。

第一章题为"民俗学的方法"，首先以民俗学方法为问题。我国的民俗学起初以柳田氏的方法为主流展开，而目前则因其与相关诸文化科学的关系疏远而进行很多反省，并力图摆脱其一国民俗学的闭锁性。尤其是从探求民族固有而纯粹的原有体验的立场来说，仅仅依靠民俗语汇和习俗传承很难指望取得圆满的结果。但中国的古代文字在它的构造和用义上，是能够一举接近出发点的最有力的资料。作为一例，我尝试了根据文字资料复原鸟形灵魂观念。

第二章"古代歌谣与民俗"，考察古代歌谣的发想法与民俗的关系。歌谣的原有性质是咒歌式的东西，在这个意义上，《万叶集》与《诗经》之间存在共同的问题。如枕词具有召唤地灵的意义那样，诗篇里所谓兴的发想法在字义上具有安抚地灵的意义。它们的发想法是处于同一立场的，并以相似的民俗事实为背景。

第三章"言灵的思想"，论述咒语式的歌谣是以言灵观念为基础的，这无论是从古代文字的构造上，还是从古代文学的发展上都有据可查。

第四章"诗经民俗学"，注意到在诗篇的发想、表现及其发展中与《万叶集》有相同性质的东西。如果认为古代文字是具有自身体系的民俗资料，那么诗篇也在其生活范围内构成一个民俗的世界。

第五章"卜辞的世界",依据使用古代文字原义的卜辞实例,试图复原当时的自然观和规定它的生活的各种观念。这些都是与原始的对于神的信仰密切结合在一起的。

第六章"语部与巡游者",通过传说故事与民谣考察古代文学发展的一个方面。它的承担者都是古代巫史沦落而成的巡游者。古代文学最初的传承者是这类巡游者,这个事实及其发展形态,在我国古代文学中也可以寻到。

第七章"月令与岁时记",研究在民俗活动中占有重要地位的岁时,即年中行事和通过仪礼等问题。这些都是建立在消长与持续、断绝与循环的论理之上的。在中国,岁时如《月令》那样作为阴阳五行的自然观而组织起来,通过仪礼则如《仪礼》那样被礼经化,民俗方面的东西的思想化、制度化倾向颇为明显。古老的民俗传承因此大范围脱离所谓庶民的基础。

从这点来说,中国的民俗学应当把已失去的古代的东西复原为它的本来面目,这首先是回复到民俗出发点的方法,并由此才能具备作为比较民俗学研究对象的条件。这里有几乎尚未开拓的丰沃原野。对于这个原野做一展望,是本书意图之所在。

白川静

1980 年 3 月

译者后记

当本书即将付印之际，我以为有必要说明以下几点：

一、为了阅读方便，本书附有一些注释。行文中括弧里的注释是作者所加，每页下面的脚注是译者所加。

二、本书大量引用了《万叶集》的诗句。这方面的译文全部引自杨烈先生所译的《万叶集》。谨向杨烈先生表示衷心的感谢。

三、在本书翻译过程中，曾经得到钟敬文先生的指点。谨向钟敬文先生表示衷心的感谢。

四、在本书翻译过程中，曾就一些疑难问题向申非先生请教。谨向申非先生表示衷心的感谢。

五、许钰先生为本书写了序言，并且从头至尾读了一遍译文，提出了若干修改意见。谨向许钰先生表示衷心的感谢。

六、在查对中文材料过程中，祝鼎民同志给了许多帮助。谨向祝鼎民同志表示衷心的感谢。

七、启功先生为本书题写了书名。谨向启功先生表示衷心的感谢。

八、由于本人日文水平不高，对于中国民俗又不甚了了，译文的缺点和错误在所难免，热诚欢迎批评指正。

何乃英

1985 年 11 月 30 日

出版后记

白川静先生是日本著名的汉学家，在中国古代传统文化与汉字研究方面的成就卓越。他善于由文字的解读与分析入手，结合考古学、文字学、宗教学等诸多方法进行综合研究。其中，民俗学的方法是白川静探求汉字字源与研究古代文化的主要方式之一。

白川静在本书中提出了对于古代民俗的三种研究方法，由此来考察中国古代民俗的源头及早期发展脉络，复原中华先民的生活状态与背景，对古俗的诸多方面进行了探讨与归纳。他尤其擅长对中日两国古代民俗进行对比分析，从中我们不仅能了解到二者的共通点和差异性，更能因此深化对于中华民族文化特质的理解。

关于《中国古代民俗》这本书的意义，作者已在后记里有了详细的阐述，此处不再赘述。可以补充的是，我们认为白川静的著述和方法颇具探索性，过去曾对中国民俗学的研究方法和方向给予有力的推动，在未来也将为中国民俗学研究带来新的有益的启示。

本书曾由陕西人民美术出版社于1988年出版。此次再版，在译者何乃英先生的支持和帮助下，我们对译文进行了全方位修订，改正了旧版遗留的错误，修改了部分易滋误解或不够准确的表达，又以今日的编辑规范对《万叶集》《日本书纪》等书中征引的古典文献进行了核查，酌加了必要的注释，并适当括注了晚近以来日本纪年对应的公元年份，版式方面也有所优化，以期带给读者更好的阅读体验。早稻田大学历史民俗学博士陈翰希女士审校了全书译稿，并提出了许多有益的编校建议，这里并致谢意。

由于编辑水平有限，书中难免有不足之处，敬请广大读者不吝指正。

服务热线：133-6631-2326 188-1142-1266

读者信箱：reader@hinabook.com

后浪出版公司

2023 年 9 月